Lise Gast

Weihnachten auf dem Ponyhof

Illustrationen von Birgit Mitschke

Loewe

Die Deutsche Bibliothek — CIP-Einheitsaufnahme

Gast, Lise:
Weihnachten auf dem Ponyhof/Lise Gast.
3. Aufl. — Bindlach: Loewe, 1991
ISBN 3-7855-2203-7

ISBN 3-7855-2203-7 — 3. Auflage 1991
© 1988 by Loewes Verlag, Bindlach
Umschlagillustration: Birgit Mitschke
Satz: Fotosatz Leingärtner, Nabburg
Gesamtherstellung: Leipziger Verlags- und
Druckereigesellschaft, Leipzig
Printed in Germany

Inhalt

Weihnachten auf dem Ponyhof 9
Die Klassenfeier 37
Weihnachten unterwegs 59
Der Weihnachtsbesuch 84
Die große Freude 105

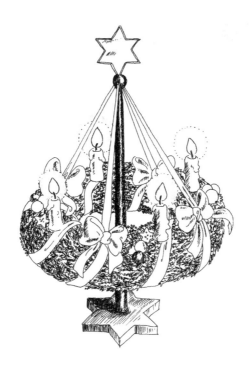

Weihnachten auf dem Ponyhof

Es war vierzehn Tage vor Weihnachten. Ich mußte noch ein Manuskript fertigbekommen, hatte es dem Verlag versprochen und saß daran, aber zum Schreiben braucht man Ruhe, und findet mal Ruhe auf einem Ponyhof mit soundso vielen Rössern, mit Hunden, Waschbären und Katzen und mit, wenn auch schon großen, Kindern! Michael stand vor dem Abitur und paukte, Katrin hatte sich freigenommen, um zu Hause zu helfen, sie verstand sich gut mit Dita, unserer damaligen Haustochter. Diese beiden waren zwar eine große Hilfe, aber sie hatten sich auch vorgenommen zu schneidern, und wenn sie schneiderten, litt die ganze Familie darunter. Vor allem Steffi und Ben brachten viel Leben in das Haus. Und dauernd kam Besuch. Und man sitzt dann ja abends doch länger als sonst, deshalb . . .

„Du mußt woandershin, hier wirst du im Leben nicht fertig mit deiner Tipperei", entschied Katrin eines Tages. „Ich weiß auch, wohin. Ins Lamm. Dort haben sie eine Schreibmaschine" – ich kann nur an der Maschine denken, weil ich Schwierigkeiten habe, meine eigene Schrift zu lesen, so schnell und undeutlich schreibe ich mit der Hand – „und ein Pferd kannst du auch mitbringen, haben sie gesagt. Ich hab' dort nämlich schon angerufen. Du kriegst ein warmes Zimmer, und keiner stört dich, und einmal am Tag wollen die Lammkinder mit dir ausreiten, damit du an die frische Luft kommst. Es ist schon alles geregelt. Inzwischen machen wir hier sauber, backen und kochen vor, und du kommst dann kurz vor dem Fest wieder zu uns, das fertige Manuskript in der Satteltasche. Na?"

Wer konnte da nein sagen? Ich nicht. Mein Wort dem Verlag gegenüber mußte ich halten, und die Kinder waren schließlich groß genug, um einmal ein paar Tage allein zu wirtschaften, was sie auch brennend gern wollten. Päckchen und Pakete waren längst verschickt, das machen wir immer schon im November, damit im Dezember mehr Zeit für die Familie bleibt. Ich sagte also ja, und schon am nächsten Morgen schwang ich mich auf Gloa, unsere beste Islandstute, und ritt los, Richtung Wald. Ein Stück dahinter lag die kleine Stadt mit dem schönen Gasthof „Zum Lamm". Der Lammwirt war passionierter Reiter, und als er bei uns die Islandponys kennengelernt hatte, hatte er seinen vier Kindern auch je eins gekauft. Mit denen konnte ich also täglich reiten. Sie waren ungefähr im Alter meiner Kinder und hatten gemeinsam mit ihnen an manchem Geländeritt und manchem Turnier teilgenommen. Ich mochte die Lammfamilie sehr gern.

So verließ ich also den Ponyhof, nicht ohne leise Bedenken, aber mit der Einsicht, daß die Kinder recht hätten. Es ritt sich herrlich durch den verschneiten Wald. – „Und sie haben versprochen, in Notfällen anzurufen, da kann ich in einer guten Stunde wieder zurück sein", sagte ich mir, meine ewige Besorgnis niederhaltend.

Im Lamm wurde ich herzlich empfangen und gleich, nachdem ich Gloa versorgt hatte, in die Nummer acht gesteckt, ein sozusagen privates Zimmer im Hotel, wo sonst Wäsche geflickt wurde, der Dackel eingesperrt, wenn man ihn in Gewahrsam haben wollte, schmutzige Reitstiefel abgestellt und manchmal auch „besondere" Gäste untergebracht wurden. Zu denen zählte ich also. Die Schreibmaschine stand bereit, eine Kanne Kaffee unter der Wärmhaube daneben, das Essen würde mir her-

aufgebracht werden, damit ich keine Zeit verliere. Alles bestens. Ich setzte mich an die Maschine und ließ sie klappern.

Auch der tägliche Ritt mit den Kindern fand statt. Der Lammwirt ließ es sich nicht nehmen mitzureiten und hatte seinen Spaß daran, wenn ich meine temperamentvolle Gloa mitunter nicht halten konnte. Und als ich einmal in den Bach fiel, weil Gloa ihre Nase allzu zärtlich an mir rieb, lachten er und seine Kinder herzlich. Für mich war das nichts Neues, ich bin schon öfter im Wasser gelandet, teils mit, teils ohne Pferd. Und Gloa stand am Ufer und lachte mich unmißverständlich aus.

Mit dem versprochenen Manuskript kam ich gut voran. Und jeden Abend erkundigte ich mich telefonisch zu Hause, ob was passiert sei. „Nein, nichts" hieß es dann;

und einmal: „Aber es gibt eine Überraschung, du kannst dich schon freuen."

Ich legte etwas nachdenklich auf. Ob sie eine Wand herausnahmen oder einen neuen Schuppen bauten oder sonst etwas Größeres vorhatten, wer wußte es!

Ich beeilte mich und kam drei Tage vor dem Fest mit dem fertigen Manuskript zurück, nicht ohne Voranmeldung. Gloa lief kraftvoll und schnell, sie merkte, daß es nach Hause ging.

Gottlob, der Ponyhof stand noch. Ich sah es mit Erleichterung, als ich aus dem Wald kam. Oben am Tor stand Paul, der mit Steffi befreundet war. Er war Lehrer und hatte seit kurzem eine Stelle im Nachbarort. Er sah mir entgegen. Ich hielt Gloa neben ihm an. „Schön, dich zu sehen, Paul."

Da kam schon Steffi angerannt. „Grüß dich, fein, daß du da bist. Buch fertig?" Sie hakte sich bei mir ein. „Paul und ich haben uns verlobt."

Das also war die Überraschung! Sie war gelungen. Ich freute mich.

Paul hatte sofort den Gurt gelockert und führte Gloa nun in die Hauskoppel hinunter. Er verstand es, mit Pferden umzugehen.

„Und wißt ihr auch schon, wann ihr heiraten wollt?" fragte ich, als ich mit Steffi ins Haus trat.

„Bald. Gleich nach Weihnachten. Wir haben nämlich schon – Paul hat – also, das ist so . . ."

In der Wohnküche war der Tisch gedeckt, heißer Kaffee stand bereit, und die andern, Michael, Katrin, Dita und Ben, warteten. – Es wurde eine gemütliche Feierstunde. Der erste Weihnachtsstollen wurde angeschnitten, das war für uns immer ein kleines Fest, vom Herd herüber dampfte ein Eintopf, und Katrin brachte das Brautkleid angeschleppt.

„Hat Dita genäht. Wie findest du's? Prima, nicht? Und weißt du, wo die beiden hinziehen? In die Seemühle. Sie war gerade frei, und Paul hat sie gepachtet. Zwei Isländer gibst du ihnen doch mit, oder? Und die Ponys dort, du weißt doch – haben sie gleich mit der Mühle übernommen."

Der Pächter, der bisher in der Seemühle gewohnt hatte, war in die Stadt gezogen, dahin konnte er seine Tiere nicht mitnehmen. „Und die Hunde läßt er uns auch da, den Flaps und die Wursch", erzählte Steffi.

Die andern erzählten auch, berichteten, beschrieben – die Seemühle! Steffi blieb also in der Nähe. – Wie schön! Sie waren glücklich, die beiden – das sah man ihnen an.

Das alles war nun schon ein paar Jahre her. Paul und Steffi lebten in der Seemühle mit ihren drei kleinen Söhnen. Sie züchteten Ponys. Ich war ein wenig besorgt, ob die Arbeit für Steffi nicht zuviel würde. Als mich eine frühere Schulfreundin fragte, ob wir nicht Platz hätten, ein Mädchen – und zwar eine Waise – als Haustochter aufzunehmen, kam ich mit Steffi überein, daß sie diese zu sich holte. Bärbel hieß sie. Ich brachte sie in die Seemühle. Sie war in einem Heim aufgewachsen und hatte noch nie in einer Familie gelebt. Versuchen konnte man es ja.

Zunächst ging alles gut. Ich selbst fand die Seemühle von jeher wunderschön, ganz einsam zwischen Wald und Koppeln liegend, mit einem Badeteich dabei. Vieles war ähnlich wie auf unserem Ponyhof, das Haus allerdings kein Holzhaus wie unseres, sondern Fachwerk. Drei Stufen führten zur Tür hinauf. Breite Fenster, niedrige Decken, an sich herrlich zum Einrichten.

Bärbel, die sehr gern einrichtete, schaffte zunächst wie besessen, strich die Wände neu, malte dazwischen die

Balken schwarz, rückte Möbel und nähte karierte Vorhänge.

Als sie mit allem fertig war, fehlte ihr etwas, was, konnte sie selbst nicht sagen, aber man merkte es deutlich, sie war mürrisch und verdrossen.

Bärbel war siebzehn Jahre alt und das erstemal in einer Familie. Sechzehneinhalb Jahre in einem Heim, weil sie kein Zuhause hatte – da war es kein Wunder, daß sie mitunter aggressiv war gegen jeden, der eins besaß, auch gegen Steffi. Steffi war immer vergnügt und von einer bestechenden Gleichgültigkeit gegenüber allen Nebensachen. Es war kein Musterhaushalt bei ihr, aber ein Zuhause. Es machte ihr Spaß, sich um ihren Mann und die Kinder zu kümmern. Die Tiere wurden gut gepflegt: die Ponys und die beiden Pferde, auch Katzen, Hunde und die Gans Elisa, die nie geschlachtet wurde, sondern zur Familie gehörte. Die Ponyfohlen verkaufte sie erst, wenn sie so groß waren, daß sie ohne Mutter auskamen, und nur an gute und nette Leute, und manchmal verschenkte sie sie auch. So war das Ganze eigentlich mehr eine Liebhaberei als ein Geschäft. Steffi fotografierte sehr gern und sehr gut. Die Aufnahmen, die sie von den Ponys machte, brachten dann als Postkarten Geld.

So waren im Grunde alle zufrieden. Nur eben Bärbel nicht, und ganz besonders jetzt nicht.

Es war Herbst. Die Kastanien neben dem Brunnen hatten sich golden gefärbt, aber keine Sonne lag darauf. Es regnete, regnete, einfach bedrückend. Die Kinder waren erkältet und schlechter Laune. Paul arbeitete für eine Prüfung. Die einzige, die sich nicht unterkriegen ließ, war Steffi.

„Es regnet, es regnet, die Erde wird naß", sang sie, während sie, die Haare triefend naß, die Mistkarre durch den Schlamm schob. An den Füßen trug sie Holzschuhe, die dauernd im Matsch steckenblieben. Ihr Gesicht glänzte naß vom Regen.

Ich könnte sie umbringen, immer hat sie gute Laune, dachte Bärbel feindselig. Steffi hatte ihr wirklich nichts getan, außer – nun, sie hatte gesagt: „Jetzt kommt die schönste Zeit im Jahr, die Zeit vor Weihnachten. Wir rücken zusammen, wir wintern uns ein. Ich freu' mich so, Bärbel."

Damit war der Ofen aus. Nun ging alles schief, was Bärbel betraf, sie tat keinen Handgriff mehr, im Haus nicht und im Stall nicht, sie saß und rauchte und nahm allen alles übel.

Steffi sah sich das eine Weile schweigend an. Sie tat ihre Arbeit allein, vorher war das ja auch gegangen, sie lachte mit den Kindern und erzählte ihnen von Weihnachten. Die Wälder wurden kahl, es hatte aufgehört zu regnen, heller, fahlblauer Himmel stand über dem Haus, nur Schnee gab es nicht. Und die Kinder warteten sehr auf den Schnee.

„Dieses Jahr gibt es keinen", sagte Bärbel eines Tages hämisch zu ihnen, „ich hab' ihn abbestellt. Ich kann nämlich Wetter machen. Es gibt keinen Schnee und keinen Nikolaus und kein Christkind, ätsch!"

Grade kam Steffi herein. Sie hatte die letzten Worte gehört. „Keinen Schnee? Kein Christkind – und wohl auch kein Weihnachten?"

„Weihnachten ist eine dumme Erfindung", fauchte Bärbel. „Im Heim mußten wir basteln und so tun, als glaubten wir diesen ganzen Quatsch –"

„Tja, glauben . . ." Steffi war stehengeblieben, in jeder Hand einen Eimer, in denen sie den Ponys Kartoffelschalen gebracht hatte. „Weißt du, was ich glaube, ich persönlich? Daß Gott uns sehr, sehr lieben muß, denn er schenkte uns seinen eigenen Sohn. Und von seinem

15

Schicksal wußte er ja. Mehr und Kostbareres, als sein Kind zu schenken, ist nicht möglich. – Vielleicht erlebst du einmal, wie sehr man ein Kind lieben kann, ich wünsche es dir. – Und zur Erinnerung feiern wir Weihnachten. Er machte uns dieses Geschenk, und nun schenken wir einander etwas und zeigen damit, daß wir uns lieben. Daß manche Menschen sich nur Weihnachten an andere erinnern, ist freilich ein bißchen wenig. Aber lieber nur an Weihnachten als gar nicht." Sie ging weiter. Bärbel sah ihr nach.

„Kann sie wirklich Wetter machen?" fragte der kleine Mo, der eigentlich Moritz hieß, später und hängte sich an Mutters Hand. Er war der zweitälteste Sohn. Johannes, genannt Jo, war der älteste, Thomas der dritte. Jo, Mo und Tho wurden sie manchmal spaßhaft genannt.

„Glaubst du das?" fragte Steffi und lachte. „Glaubst du wirklich, die kleine Bärbel kann die großen Wolken schieben und die Winde loslassen und der Sonne befehlen zu scheinen?"

„Und gibt es kein Christkind?"

„Dummerle. Der Herr Jesus hat doch gelebt und ist für uns gestorben, da muß er doch auch geboren sein. Und da war er das Christkind, das wir alle lieben, das im Stall gelegen hat in einer Krippe, so einer, wie unsere Pferde sie haben, mitten im kalten Winter."

„Nicht wahr, die Bärbel lügt?" sagte Moritz tief empört. Steffi faßte seine kleine Hand fester.

„Die Bärbel weiß es nicht besser, sie kann nichts dafür. Verstehst du, sie hat nie eine Mutter gehabt, die ihr das erzählt hat. Deshalb müssen wir es ihr erzählen."

„Aber sie will es nicht glauben", murrte Mo.

„Siehst du, du sagst ganz richtig: Sie will nicht. Wir müssen sie trotzdem liebhaben, bis sie es glaubt. Das ist gar nicht schwer, denn sie ist allein. Jesus hat gesagt, al-

les, was man einem andern Menschen Gutes tut, das hat man ihm getan. Und Jesus, das Christkind, liebst du doch auch."

„Ja, sehr." Moritz sah zum Westhimmel hinauf, der ein wenig rötlich war.

„Haben sie heute wieder gebacken, die Engel, in den himmlischen Backstuben?" fragte Moritz leise.

Steffi lachte. „Heute wohl nicht. Der Himmel ist nicht rot genug. Heute haben sie vielleicht Geschenke eingepackt in buntes Papier, wie wir es machen, wenn wir Päckchen und Pakete an Leute schicken, die sich nicht viel kaufen können. Du hast mir doch neulich dabei geholfen."

Später hörte Steffi, wie die Jungen sich unterhielten. Zwischen Küche und Wohnzimmer war ein kleines Fenster, durch das man die Kinder beobachten konnte. Steffi sah unauffällig hindurch.

„Mutter sagt, Bärbel kann kein Wetter machen. Sie kann nicht zaubern, daß kein Schnee kommt. Es kommt sicher welcher", sagte Moritz und stellte das kleine Auto vorsichtig auf die Bahn, die er aus ein paar glatten, flachen Holzleisten gebaut hatte.

„Bärbel sagt aber, sie kann", wandte Thomas ein. „Sie kann Schnee zaubern und keinen Schnee."

„Ich glaube Mutter und nicht Bärbel", sagte Moritz. „Und du, Johannes?"

Der Älteste saß am Fenster, zuckte die Achseln und schwieg.

Als die Kinder schliefen, erzählte Steffi ihrem Mann von diesem Gespräch.

„Ich weiß nicht, was die Leute gegen Märchen haben. Märchen sind doch etwas Schönes", schloß sie ihren Bericht.

Paul lachte in seiner freundlichen Art. „Jaja. Wenn eine Mutter sie erzählt." Er sah Steffi an. Sie wurde ein wenig rot. Ihr hatte die Mutter auch Märchen erzählt.

Es wurde kalt, aber es gab immer noch keinen Schnee. Die Pferde hatten weiße Dampfwolken vor den Nüstern, wenn Steffi und Paul ausritten, um Bewegung zu haben, und die Ponys bekamen ein dickes Fell. Elisa, die Gans, quartierte sich im Flur ein. Den Hunden machte die Kälte nichts. Den Jungen auch nicht; draußen trugen sie dicke Skianzüge, und sie hatten rote Backen, und ihre Nasen liefen, wenn sie wieder hereinkamen. Jeden Morgen guckten sie als erstes aus dem Fenster, ob Schnee gefallen wäre. Es kam keiner.

Bärbel grinste. „Da seht ihr, daß ich recht habe", zischte sie den Kleinen zu, wenn sie mit ihnen allein war. „Es gibt keinen Schnee und kein Weihnachten. Keinen Weihnachtsmann und kein Christkind."

18

An einem Abend stand plötzlich ein Mann in der Tür. Es wurde nie zugeschlossen, jeder, der kam, konnte herein. Die Hunde lagen im Flur, hoben aufmerksam die Köpfe.

„Ruhig, ruhig", sagte der Mann. Sie blieben still, sie knurrten nicht einmal.

Der Fremde klopfte an die Küchentür.

Steffi stand am Tisch, in Jeans und Leinenhemd, die Ärmel hochgerollt, und wellte Teig aus. Es roch süß und würzig. Die Jungen knieten auf der Eckbank, warfen Ausstechförmchen durcheinander und steckten die Nasen überall dorthin, wohin sie nicht gehörten.

Steffi sah auf. „Bitte?" fragte sie.

Die Jungen sahen den Fremden abwartend an. Er war nicht sehr groß, breit, trug einen langen dunklen Mantel und hatte einen Bart.

„Was möchten Sie?" fragte Steffi.

„Sie sprechen", antwortete der Fremde.

Steffi schob ihm einen Stuhl hin. „Setzen Sie sich doch."

Er setzte sich.

„Nun?"

„Vielleicht – ich meine –" Er sah die Kinder an.

Steffi verstand. „Lauft hinüber ins Kinderzimmer, ich rufe euch, wenn ihr wiederkommen könnt."

Der Fremde wollte ein Pony kaufen. Er meinte, die Kinder würden jammern, wenn sie es hörten, deshalb hatte er gebeten, sie hinauszuschicken. Steffi lachte, das wäre nicht nötig gewesen. Die Jungen wußten Bescheid. Man gab die Ponys nur an gute Leute, die sie richtig und anständig behandelten. Deshalb weinten die Kinder auch nicht, wenn eines verkauft wurde.

Steffi besprach mit dem Fremden, daß es besser sei, bis zum Frühjahr zu warten, wenn es junge Ponys gab.

19

Sie stellte ihm eine Tasse duftenden Kaffee auf die Tischecke.

„Sie geben mir am besten ihre Adresse und Telefonnummer, ich ruf' dann an", versprach sie, als er ging. Ein Weilchen stand sie noch mit ihm vor der Haustür, halblaut sprechend. Gerade kam Paul. Er schob sein Fahrrad unter das vorstehende Dach und nahm die Mappe vom Gepäckträger. Der Fremde grüßte, dann ging er. Steffi und ihr Mann schlossen die Haustür und traten aufatmend in die Küche, ins Helle, ins Warme.

„Komm, ich hab' noch Kaffee." Sie räumte die Tasse des Gastes weg und holte Paul eine andere.

„Er war sympathisch, sehr verständnisvoll und sah ein, daß es besser ist, bis zum Frühjahr zu warten", sagte Steffi. Es roch herrlich jetzt, sie öffnete den Backofen und zog ein Blech mit braunen Kuchen heraus. „Willst du mal versuchen? Aber verbrenn dich nicht."

„Na? Warum kommt ihr denn nicht herüber?" fragte Paul und setzte die Tasse ab. Er hatte seine drei Söhne am Fensterchen entdeckt, wie sie mit großen Augen in die Küche guckten.

„Ist er raus?" fragte Johannes.

„Raus?" echote Moritz.

Dann kamen sie alle drei angerannt. „Hat er uns was mitgebracht?"

„Aber nein. Er wollte was holen." Steffi betrachtete amüsiert die aufgeregten kleinen Gesichter.

„Ich denke, er bringt was?"

„Wer denn?" fragte Paul ahnungsvoll.

Drei Stimmen antworteten gleichzeitig: „Der Nikolaus. Der, der eben hier war. Der Weihnachtsmann!"

„Meint ihr, das war er?" fragte Steffi. „Kommt, ihr könnt wieder Figuren ausstechen, ich hab' Teig ausgerollt."

Johannes kletterte als erster auf die Bank, lehnte sich über den Tisch und begann, einen Mond nach dem anderen auszustechen. Thomas und Moritz standen noch neben Steffi.

„Hach, es gibt ihn *doch*!" sagte Thomas endlich, und dann fing er an zu singen: „Doch – doch – doch! Und Bärbel ist ein dummes Loch!"

Steffi und Paul mußten lachen.

„Bärbel ist überhaupt nicht dumm. Sie macht nur Spaß. Seid nett zu ihr –" Das sagte Steffi übrigens oft. Die Jungen hörten es schon nicht mehr, ebenso, wie sie „Seid leise, Vater arbeitet!" oder „Putzt euch die Stiefel ab, ehe ihr reinkommt!" nicht mehr wahrnahmen.

Bärbel war oft nicht da. Wohin sie ging, wußte Steffi nicht. Sie glaubte, sie müsse ihr Freiheit lassen, nachdem sie in ihrem ganzen bisherigen Leben keine Minute am Tage frei gehabt hatte. Paul allerdings meinte, das wäre vielleicht doch nicht gut. Bärbel würde denken, sie kümmerten sich nicht um sie. Steffi aber blieb bei ihrer Ansicht.

„Bärbel, er war da, er war hier!" rief Moritz triumphierend, als er sie sah. „Und er hat mit Mutter gesprochen. Wahrscheinlich, weil er wissen wollte, was wir uns wünschen, wir mußten rausgehen." Moritz hatte eine rege Fantasie. „Ich wünsche mir jedenfalls einen Sattel." Die Kleinen ritten manchmal auf den Ponys, aber ohne Sättel. Einen eigenen Sattel zu haben so wie Vater und Mutter erschien den Jungen als das allerhöchste.

Was wird sie nun sagen? Sie ist ja selbst eigentlich noch ein Kind, dachte Steffi. Kinder verstehen Kinder. Kinder können aber auch grausam sein . . .

Da sagte Bärbel es auch schon: „Ihr seid ja dumm. Das war ein ganz gewöhnlicher Mann, ich hab' ihn nämlich getroffen. Er wollte –"

„Nein", sagte Moritz jetzt mit ganz heller, deutlicher, gebietender Stimme, „er war nicht gewöhnlich, du hast nur nicht gesehen, wer es war. Das sieht nicht jeder. Du hast eben keine Weihnachtsaugen."

„So, aber ihr?" Bärbels Stimme klang eine Spur unsicher. Moritz hatte eine Art zu beharren, die einen zögern ließ, wenn man nicht ganz fest von einer Sache überzeugt war. Und war sie überzeugt? Sie hatte mit dem fremden Mann im dunklen Mantel nicht gesprochen, vielleicht –

„Er bringt dir sicher auch was. Vielleicht Zigaretten", sagte Thomas und drückte das Stück Teig zusammen, das bei der Ausstecherei übriggeblieben war. „Er weiß doch, daß du gern Zigaretten rauchst. Er weiß nämlich alles, der Nikolaus."

„So, weiß er das? Na, dann werde ich mal –" Bärbel streifte Anorak und Mütze ab. Gleich darauf zischte ihr Streichholz. Steffi sah nicht hinüber.

Arme Bärbel. Nichts tun. Nichts glauben wollen. Nichts schenken wollen. Niemanden lieben. Betäuben, was sich im Inneren regt – die Sehnsucht danach, auch tätig, auch gläubig, auch freundlich zu sein. Könnte man ihr doch helfen . . .

An den letzten Tagen vor Weihnachten wurde es schneidend kalt. Die Sterne blitzten, der Atem rauchte einem vor dem Mund, der Brunnen im Hof plätscherte nicht mehr, er war eingefroren trotz Steffis Vorsichtsmaßnahmen. Man mußte das Trinkwasser für Pferde und Ponys aus der Küche holen, es war mühsam, und hier konnten die kleinen Jungen noch nicht helfen, sie hätten nur noch mehr Arbeit verursacht. Dafür halfen sie, Stroh hinunterzuwerfen und für die Tiere einzustreuen, sie sollten es doch Weihnachten gemütlich haben.

Es war der Abend vor dem Weihnachtstag. Steffi blieb

einen Augenblick auf der Treppe vor dem Haus stehen, als gerade Bärbel kam. Steffi hatte das Gesicht gehoben und sog die Luft ein.

„Was schnupperst du denn, Mutter?" fragte Johannes, der neben sie getreten war.

„Es riecht irgendwie nach Wetterumschlag", sagte Steffi halblaut, „so, als ob –"

„Als ob Schnee kommt?" fragte Jo hoffnungsvoll.

„Schnee kommt nicht, das weißt du doch", höhnte Bärbel. Sie war hinter die beiden getreten, ohne daß diese es gemerkt hatten. Steffi nahm unwillkürlich Johannes' Hand in die ihre.

„Komm, morgen ist Weihnachten."

„Aber ohne Schnee . . .!"

Am andern Morgen war die Welt weiß. Schnee lag auf der halbhohen Schwarzkiefer, die Steffi neben den Eingang gepflanzt hatte, auf dem Geländer, auf dem Brunnen, auf der Erde. Es schneite noch immer, schneite und schneite. Die Luft war nicht mehr so kalt wie in den letzten Tagen, sie war wunderbar frisch.

Steffi stand in der offenen Haustür und strahlte. „Hab' ich es nicht gesagt? Gestern hat es schon so gerochen. Herrlich, so ein Weihnachtstag!"

Die ganze Welt war hell, die Stuben wie erleuchtet von der weißen Pracht ringsum. Im Wohnzimmer stand schon der Christbaum, noch ungeschmückt, aber es war, als strahlte er bereits, verzaubert von dem glitzernden Licht, das durch die Fenster fiel.

Die Kinder tobten im Hof, wie betrunken von der herrlichen Luft. Die Hunde sprangen mit ihnen umher, bellten und warfen den Schnee von den Nasen, die sie erst tief hineingesteckt hatten. Die Ponys durften in die Koppel, Steffi hatte dort eine Futterkrippe gebaut, aus der sie das

24

Heu zupften. Flaps, der ältere Hund, mußte eingesperrt werden, er war mitten in die Herde der kleinen Ponys gesprungen und hatte mit ihnen toben wollen, als wäre er erst ein Jahr und nicht sieben, wogegen die „Wurscht" sich als der geborene Hüterhund zeigte. Sie umkreiste die kleine Schar und paßte genau auf, daß keins ausbrach. Steffi trug ihre dicken Gummistiefel und stapfte damit durch den Schnee, die Kamera in der Hand. Welche Beleuchtung, welche Motive! Drei Filme hatte sie schon verknipst, und immer dachte sie jeden Augenblick: Das mußt du noch mitnehmen! Das ist einmalig!

Paul hatte inzwischen den Frühstückstisch gedeckt und rief zum Kaffee. Er mußte lange rufen, sie konnten sich von dem Schnee nicht trennen. Endlich kamen sie, naß, mit Wangen, die aussahen wie gemalt. Bloß Bärbel erschien nicht.

„Wo ist Bärbel?" fragte Steffi, als sie Kaffee eingoß.

„Sie schläft wohl noch. Aber laß sie schlafen, sie sah die letzte Zeit nicht gut aus. Vielleicht ist sie müde", sagte Paul.

Müde vom Nichtstun, ach ja. Das gab es. Steffi fühlte einen Schatten über ihrem Glück. Heute abend aber würde Bärbel sich sicherlich auch freuen, sie hatte sich schöne Sachen für sie ausgedacht.

„Ja, ihr dürft wieder raus! Lauft nur, Vater und ich helfen inzwischen dem Christkind." Die Jungen stoben davon. Heute würde es kein Warten und endloses Fragen geben, wie spät es denn sei und wann es endlich Abend würde. So ein Weihnachtstag!

Der Wald war schön in seinem neuen weißen Kleid. Bärbel mußte das widerwillig zugeben. Er war so schön, daß man beinah nicht zornig bleiben konnte, und sie wollte doch zornig sein. Sie war bitterböse, daß der Schnee doch

25

gekommen war und ihr einen Strich durch die Rechnung gemacht hatte – am Vierundzwanzigsten, hätte er nicht noch warten können? Nun war sie entlarvt und blamiert. Sie stapfte durch die weiße Pracht, unzufrieden mit sich und der Welt.

Natürlich war es dumm von ihr, so zu denken. Aber es ärgerte sie, denn sie wollte Weihnachten scheußlich finden, sie wollte nicht auf das hereinfallen, was die andern, die Glücklichen, sich vorlogen: „Friede auf Erden" und „den Menschen ein Wohlgefallen" und das alles. Stimmungsmache. Sentimentalität. Sie wollte nicht zurück, sie würde Steffi und Paul das Fest gründlich verderben.

Nun gerade. Wütend schlug sie nach den schneebedeckten Zweigen, die sich ihr wie bepelzte Tatzen entgegenstreckten. Ein Eichhörnchen lief an einem Baumstamm empor. Schön war der Wald, gut zum Reiten, es waren weiche Wege, auf denen man keinen Hufschlag vernahm. Bärbel war anfangs mit Steffi manchmal hier geritten. Anfangs, ja.

Steffi, die hatte gut lachen und glücklich sein. Die hatte einen Mann und drei Buben, hatte Haus und Tiere, sie konnte sich bestimmt nicht vorstellen, wie es war, wenn man allein stand. Keine Mutter, keine Geschwister, keine Freundin. Niemand, der sich um einen kümmerte und sorgte. Niemand.

„Hallo?"

Bärbel fuhr zusammen. Eine Stimme. Sie hatte vor sich hin geredet, wütend, verbissen mit sich selbst gesprochen. Es würde sie doch keiner gehört haben?

Doch, da stand jemand, ein Junge, etwas kleiner als sie, an die Wildfütterung gelehnt, die hier für das Rehwild aufgestellt war, mit Heu und Kastanien gefüllt. Bärbel ärgerte sich über sich selbst, daß sie so erschrocken war, es gab doch keinen Grund zum Erschrecken. Der

26

Junge sah wirklich nicht zum Fürchten aus, eher ein bißchen zum Bemitleiden. Er trug einen sehr guten, sicher sehr teuren Anorak. Schöne Stiefel, Handschuhe – und trotzdem. Er sah blaß aus. Das Gesicht noch sehr kindlich, dunkle Wimpern, darunter hervor blinzelte er sie an, halb amüsiert, halb gelangweilt.

„Mit wem schwätzt du denn?" fragte er, als sie herantrat.

„Mit mir. Ich befinde mich also in bester Gesellschaft", sagte Bärbel patzig. „Und du? Was machst du hier? Suchst du vielleicht das Christkind im Winterwald?" Es klang bissig, ja, gehässig. Der Junge lachte freudlos.

„Im Gegenteil. Ich bin vor ihm ausgerissen. Christkind und Weihnachtsbescherung und ‚O du fröhliche', furchtbar. Leidest du auch so unter deiner Familie?"

„Meiner Familie? Ich hab' keine. Gottlob. Aber mir geht es wie dir, bloß weg von allen, die auf Familie machen. Gräßlich."

Sie standen und sahen einander an. Irgendwie gab es da eine Gemeinsamkeit, sie fühlten das beide. Aber eher eine bedauerliche als eine gute. Immerhin.

„Rauchst du eine mit?" fragte er nach einer langen Weile und hielt ihr eine Packung hin.

„Rauchen, Abkochen, Anzünden von Feuer im Walde verboten", grinste Bärbel und nahm eine Zigarette. Er auch. Sie atmeten den Rauch tief ein, stießen ihn wieder heraus. „Wie die Pferde, wenn es kalt ist", sagte Bärbel und lachte ein bißchen.

Er lachte auch. „Ja, die blauen Wolken, toll sieht das aus. Wenn ich ein Pferd hätte oder einen Hund –" Er brach ab.

„Wir haben Pferde, zwei", sagte Bärbel. Man hörte den verborgenen Stolz ein ganz klein wenig heraus. „Und Hunde."

Sie gingen nebeneinander her.

„Wo wohnst du denn?" fragte er, wider Willen interessiert.

„In der Seemühle. Bei den komischen Leuten, die Ponys züchten und Pferde und Hunde halten und einen Stall voll kleiner Kinder haben, pah."

„Ach, bei denen? Wir sind mal vorbeigekommen, als wir spazierengingen, meine Eltern und ich. Sonntags muß ich immer spazierengehen. Du, kleine Ponys sind aber süß –"

„Eltern hast du, ich nicht. Auch Geschwister?"

„Nee, keine. Schrecklich. Alles muß ich sein und tun und können. Klavier üben und gut in der Schule sein und mit in die Volkshochschule gehen, wenn stinklangweilige Vorträge sind. Und Weihnachten krieg' ich alles, was ich will, und noch was dazu –"

„Das ist doch nicht schlecht", sagte Bärbel ein wenig unsicher. „Wenn ich mir was wünschen könnte –"

„Was würdest du denn wollen?" fragte er nach einem kleinen Schweigen.

„Ach, das krieg' ich doch im Leben nicht. Daß ich irgendwo dazugehöre und –"

„Geschwister? Mit denen man alles teilen muß? Oder Eltern, die einen liebhaben und es einem immer versichern mit ‚Bubilein' und ‚Hast du nasse Füße' und ‚Ja, natürlich, das kriegst du', brrr –" Er schüttelte sich.

„Nein, so auch nicht. Das heißt", Bärbel stockte. Dann sagte sie: „Und ich gehe nicht zurück. Sie sollen sich ärgern – und ängstigen – und die Polizei holen – und das alles am Weihnachtsabend. Warum hat es geschneit, warum, warum!"

Auf einmal weinte sie. Es hatte wieder angefangen zu schneien, die Flocken schwebten herunter. Manchmal knackte ein Ast, von dem die weiße Last herabglitt, so daß er sich aufrichten konnte.

Nach einer Weile putzte sich Bärbel die Nase. Sie fragte halblaut: „Wie heißt du?"

„Jürgen. Und du?"

„Bärbel. Und du gehst auch nicht heim?"

„Nein. Heute abend jedenfalls nicht. Die sollen warten."

Sie stapften weiter. Es fing schon an zu dämmern. Manchmal hörte man Hundegebell. Bärbel kannte die Wege genau, war oft hier gewesen, ohne Ziel.

Jürgen trottete mit, in Gedanken versunken.

Jetzt war es bald Zeit, in die Kirche zu gehen, jetzt würden sie zu Hause anfangen, nach ihr zu suchen.

„Weißt du was? Wir gehen zu uns in den Stall. Dort sucht uns niemand, wenn die Pferde erst gefüttert sind. Und Steffi füttert im Winter zeitig. Da kriechen wir ins Stroh und frieren nicht, und die können lange suchen."

„O ja, das ist gut." Jürgen hatte bereits Bedenken bekommen, wenn er sich vorstellte, die ganze Nacht im Wald zu sein. Bereitwillig schloß er sich Bärbel an, als diese die Richtung änderte und etwas schneller ging. Es schneite und schneite, der Schnee fiel jetzt dicht, so daß man beinah den Weg nicht mehr erkennen konnte.

„Findest du's auch?" fragte Jürgen einmal. Es klang etwas besorgt.

Bärbel lachte. „Klar. Außerdem, hör mal – da bellte einer."

„Einer von euren Hunden? Wieviel habt ihr denn?"

„Zwei. Das war eben die Wurscht. Ich kenne ihre Stimme."

Das Weihnachtszimmer war fertig, der Baum geschmückt, die Krippe aufgestellt. Alles war festlich und schön.

„Ich geh' jetzt Bärbel wecken, damit sie sich für die

Kirche fertigmachen kann", sagte Steffi zu Paul, der gerade dabei war, Tannenzweige, Lametta, Nadeln und Papier zusammenzufegen. Als er dann mit der Schaufel in die Küche kam, traf er auf Steffi, wie sie den Kessel aufs Feuer rückte.

„Sie ist nicht in ihrem Zimmer, Bärbel, meine ich", sagte sie. „Hast du sie heute schon gesehen?"

„Nein. Überhaupt noch nicht. Aber gestern abend war sie doch da und heute nacht, oder?"

„Ja. Ihr Bett ist ausgelegt. Jungs, habt ihr Bärbel gesehen?"

„Ich nicht." Johannes kam herein. „Wird jetzt bald beschert?"

„Wir gehen doch erst in die Kirche. Und du, Thomas, hast du sie gesehen?"

„Ich auch nicht", sagte der Jüngste. Steffi ging in den Hof hinaus.

„Bärbel, Bärbel, wo steckst du?"

Moritz kam ums Haus gelaufen. Bärbel hatte er nicht gesehen. Steffi ging wieder hinein.

„Sie wird schon kommen. Und in die Kirche braucht sie nicht mitzugehen, wenn sie nicht mag. Ich zieh' mich jetzt um. Gefüttert hab' ich." Sie ging ins Schlafzimmer, gleich darauf kam sie wieder, einen Zettel in der Hand.

„Paul? Wo bist du? Sieh, was ich gefunden hab'."

Die drei Jungen standen neben dem Vater, dem sie das Papier gab.

„Feiert Ihr nur schön. An mich denkt ja niemand", las er halblaut. Alle schwiegen.

„Hat Bärbel das geschrieben?" fragte Moritz erstaunt. „Aber wir denken doch an sie. Du hast doch eben gefragt, wo sie ist und ob wir sie gesehen haben."

„Ja. Was soll das bedeuten? Ach Paul, wir hätten gleich nach ihr sehen sollen, als sie nicht zum Frühstück kam.

Ich dachte, sie will mal ausschlafen. Wir haben sie viel zuviel allein gelassen, du hast recht. Nie nach ihr gesucht. Und ich dachte, das wäre richtig!" Steffis Stimme klang bedrückt, schuldbewußt.

„Sie wird nicht weit sein. Wir finden sie schon. Dann gehen wir eben dieses Jahr nicht in die Kirche. Bärbel ist wichtiger. Immer ist der Mensch das wichtigste. Im Stall ist sie nicht? Vielleicht in der Scheune?"

„Merkst du was? Jetzt kriegen sie Angst um mich." Bärbel und Jürgen hatten sich eng an die Stalltür gedrückt und guckten durch einen winzigen Spalt hinaus. „Bärbel, Bärbel!" hörte man rufen, näher und entfernter. Bärbel kicherte schadenfroh. Dann kroch sie wieder zurück in ihr Strohversteck. Jürgen blieb an der Tür.

„Meine Eltern suchen jetzt auch", sagte er. Es klang triumphierend. „Dort läuft der eine Kleine, er hat den Hund mit. Wie der zieht! Der ist stärker als der Junge, paß auf, jetzt fliegt er hin." Jürgen lachte.

„Sei leise", mahnte Bärbel, „sie hören uns sonst."

Es wurde dämmrig im Stall. Sie hörten noch weiter das „Bärbel-Bärbel"-Rufen, dann wurde es still.

Und dann hörten sie etwas anderes.

„Du, jetzt rufen sie nach dem Jungen", sagte Jürgen leise. „Hörst du? Moritz heißt er, oder?"

„Ja, einen Moritz haben wir. Meinst du, sie suchen ihn?"

„Er ist vorhin losgelaufen, wahrscheinlich sucht er uns. Mit dem Hund. Im Wald."

Bärbel schwieg. Sie horchte. Ja, sie riefen nach Moritz.

„Wo bist du, Moritz? Moritz, komm!" Steffis Stimme. Angstvoll und aufgeregt.

Sie sahen einander an. Es war gerade noch hell genug, um das Gesicht des anderen zu erkennen.

„Du, wenn er in den Wald gelaufen ist und es dunkel wird?"

„Sollen sie ihn doch suchen!" sagte Bärbel leise und verbockt. „Um mich hatten sie keine Angst."

„Doch! Sie haben nach dir gesucht. Du, wir können doch nicht – wir müssen ihnen doch sagen, daß –"

„Nein. Keinen Ton. Du verrätst nichts", zischte Bärbel und packte ihn am Arm. „Sie sollen Angst haben, sie sollen!"

„Und wenn er sich im Wald verläuft? Und nicht zurückfindet?" Jürgens Stimme klang zaghaft, aber mahnend. Bärbel hörte es genau.

In ihr kämpfte es. Der Zorn, der Trotz, das Gefühl, ausgeschlossen zu sein, und die Vorstellung, wie es jetzt in Steffi aussehen mußte. Steffi war keine Mutter, die ihre Kinder pausenlos verhätschelte. Aber sie liebte sie. Bärbel wußte es. Sie liebte die kleinen Jungen, wie eine Mutter nur lieben kann. „Vielleicht erlebst du das auch einmal, ich wünsche es dir", hatte sie damals gesagt. Bärbel wollte nicht dran denken, aber sie mußte. Und einer ihrer Söhne war verschwunden, und sie, Bärbel, wußte, wo man ihn finden konnte, und half Steffi nicht.

„Komm", sagte sie auf einmal und schob die Stalltür auf, „komm schnell, wir nehmen Flaps mit, der wird die Wurscht finden."

Flaps, der vor der Tür gestanden hatte, sprang an ihr hoch. In Eile band sie ihm den Gürtel ihres Anoraks ans Halsband. „Such die Wurscht, Flaps, Guter, los! Such die Wurscht! – Such den Moritz!"

Jürgen lief mit. Es dunkelte schon. Aber man sah noch genug. Es schneite nicht mehr, Flaps schien verstanden zu haben, was er sollte. Er lief mit seinen dicken kurzen Pfoten los, als ginge es um sein Leben. Bärbel und Jürgen konnten kaum Schritt mit ihm halten.

„Jetzt weiß ich aber wirklich nicht mehr, wo wir noch suchen können –" Steffi stand am Brunnen und versuchte, das Schluchzen zurückzuhalten – aus Rücksicht auf Paul und auf die beiden andern Jungen. Jetzt aber kam es mit Gewalt hoch. „Wo steckt er? Wo kann er noch sein? Und Bärbel ist auch weg. Ich hab' alles falsch gemacht mit ihr, aber ich hatte es doch gut gemeint. Ach Paul –" Sie warf die Arme um den Hals ihres Mannes. „Paul! Wenn er im Wald ist und nicht zurückfindet!"

Sie hatten erst im Haus gesucht, dann im Hof und in der Scheune, schließlich auf den Koppeln. Überall konnte er sich verirren. Im Schnee sieht alles anders aus, und sogar Erwachsene, die sich gut auskennen, verlaufen sich. Wieviel mehr ein kleiner Junge! Und wenn er dann müde würde und sich vielleicht hinsetzte und einschliefe . . .

„Die Hunde sind auch nicht da", sagte Paul jetzt. Dann horchte er. „Hörst du nichts? Mir war so –"

Steffi löste sich von ihm, suchte nach dem Taschentuch und schnupfte. Er gab ihr seins.

„Wenn er – mit einem der Hunde –"

„Dann –"

Wieder schwiegen beide, horchten mit angehaltenem Atem. Das war Hundegebell, zweifellos, und das eine Stimme –

„Es kommt näher", flüsterte Steffi. Und dann fing sie an zu rennen, dem Gebell entgegen, so schnell, daß Paul beinah nicht mitkam und Johannes und Thomas erst recht nicht.

„Wir hatten gesehen, wie er mit dem Hund losging in Richtung Wald. Da sind wir mit dem andern Hund hinterher", berichtete Jürgen, als sich die erste Aufregung gelegt hatte. Steffi hielt Moritz auf dem Arm und weinte, lachte, schalt und küßte ihn.

„Ihr sollt doch nicht vom Grundstück gehen, wie oft hab' ich euch das gesagt!"

„Ich hab' doch nur nach Bärbel gesucht, und ihr suchtet doch auch, ganz lange." Moritz war beleidigt, aber doch auch erleichtert. Es tat gut, wieder auf Mutters Arm zu sitzen, wenn man auch dazu schon etwas zu groß war und sie nicht so zärtlich zu sein brauchte. Küssen ließ er sich auch nicht mehr gern, und so weinen sollte sie auch nicht.

„Wo habt ihr denn gesteckt, ihr beiden?" fragte Paul jetzt. Er kannte Jürgen vom Sehen, wie man sich eben kennt in einer kleinen Stadt.

„Im Stall. Wir wollten nicht –"

„Jetzt kommt weiter, es ist ja alles vorbei. Ich ruf' deine Eltern an, die wissen doch sicher nicht, wo du steckst, du Schlawiner", sagte Paul und schob Bärbel und Jürgen vor sich her. Steffi mit Moritz auf dem Arm folgte. „Nun sind wir endlich wieder vollzählig, sogar mit einem Sohn mehr." Er lachte.

Jürgen erwiderte das Lachen, schüchtern noch, aber dankbar. Dieser junge Lehrer hatte eine Art, die ihm gefiel. „Aber sagen Sie bitte meinen Eltern –"

„Was soll ich ihnen denn sagen?" fragte ihn Paul.

„Daß ich – daß ich – ach, Sie wissen das bestimmt besser. Sagen Sie nur, was Sie denken."

„Daß du heimkommst? Ich bring' dich hin. Morgen oder übermorgen kannst du uns wieder besuchen, unsere Ponys ansehen und unsere Pferde. Aber heute gehört jeder zu seiner Familie. Auch Bärbel, nämlich zu uns. Du bist doch bei uns zu Hause, Bärbel! Wo du uns den Moritz wiedergebracht hast!" Er sah sie an, zärtlich und gerührt.

Sie senkte schnell die Augen. „Doch, ja. Ich bin bei euch zu Hause", murmelte sie beinahe gegen ihren Willen. Sie hatten das Haus erreicht, wollten eben hinein. Paul hob beide Hände, hielt sie zurück.

„Halt! Einen Augenblick. Seid mal ganz still!"

Sie hielten unwillkürlich den Atem an, horchten wie er. Durch die Schneenacht klang, sehr fern, fast unwirklich, Geläute. Bong, bong, bong – Kirchenglocken.

Paul lächelte. „Kommt", sagte er, als es verklungen war. „Wir wollen Dank sagen."

 # Die Klassenfeier

„Weihnachtsfeier? Ohne mich. Ich finde, dafür sind wir allmählich zu groß", sagte Rudolf und setzte sich. Er war wirklich sehr groß für seine vierzehn, nein fünfzehn Jahre, groß, breit und ein wenig zu dick. Daß er mit Nachnamen Heberle hieß, hatte ihm den Spitznamen „Gewichtheberle" eingetragen. Er hörte es nicht gern. Auch nicht, als jetzt der Spatz, der Kleinste und Dünnste der Klasse, krähte: „Du vielleicht! Wir nicht. Wir machen ja auch nicht alle Klassen zweimal!"

„Alle Klassen zweimal?" Das Gewichtheberle erhob sich wieder, ging drohend auf den Spatz los. „Ein einziges Mal war ich anhänglich, hab eine Ehrenrunde gedreht, warte nur, wie oft dir das noch passiert!"

„Jetzt wird nicht geprügelt!" Hans Heimann, der Klassensprecher, der vorhin das zweifelhafte Wort „Weihnachtsfeier" als erster ausgesprochen hatte, stellte sich dem Gewichtheberle in den Weg. „Laß den Spatz in Ruhe. Und du, Spatz, halt den Schnabel. Wir wollen beraten und uns nicht kloppen."

„Jawohl", sekundierte Erika, „mit Gewalt wird keine Meinung durchgesetzt. Weihnachtsfeier, warum nicht? Das war doch immer sehr hübsch."

Die Klasse bestand fast genau zur Hälfte aus Jungen und Mädchen. So hatte man das Amt des Klassensprechers geteilt, Hans Heimann und Erika Schwarz trugen gemeinsam die Last und Lust dieser Aufgabe.

„Hauptsächlich Last", seufzte Hans, sooft es jemand

hören wollte. Er war im Grunde aber ganz zufrieden, daß man ihn zum drittenmal gewählt hatte. Erika war das erstemal an der Spitze, „an der Spritze", wie sie sagte. Einer ihrer großen Brüder war Hauptmann bei der freiwilligen Feuerwehr, und da spielte die Spritze natürlich eine große Rolle. Außerdem hatte sie ein unbändiges Temperament, sie sprühte förmlich vor Einfällen und Vorschlägen, und so eignete sie sich neben dem bedächtigeren Hans Heimann gut für dieses Ehrenamt.

„Wir stimmen ab. Wir müssen abstimmen", sagte Hans jetzt, „wir brauchen die absolute Mehrheit. Wenn die absolute Mehrheit also gegen die Weihnachtsfeier stimmt . . ."

Erika fiel ihm ins Wort.

„Halt den Mund. Das wissen wir. Natürlich wird abgestimmt. Aber nicht heute. Heute wird nur beschlossen, wann abgestimmt wird. Da kann sich dann jeder zu Hause überlegen, ob er ja oder nein sagt. Schluß der Debatte, Dorian kommt."

Dorian war der Deutschlehrer, den niemand so recht leiden konnte. Er war oft schlechter Laune oder wirkte bedrückt, und das gab seinem Unterricht keine fröhliche Note. Vor allem ärgerte er sich immer wieder darüber, daß „die heutige Jugend", wie er behauptete, so anspruchsvoll und verwöhnt war.

„Wir wußten, was ein trockenes Stück Brot bedeutete, so hungrig waren wir", sagte er oft – öfter, als die Klasse es hören wollte –, „aber ihr habt noch nie etwas entbehrt. Ihr wißt nicht, wie gut ihr es habt. Ihr seid undankbar."

Einmal, als er wieder so etwas sagte, meldete sich der Spatz. Er hatte so eine Art Narrenfreiheit in der Klasse, weil er so klein und spillerig war und auch ein wenig hinkte – Andenken an eine Baumkletterei, die ihm nicht bekommen war. Er war damals aus etwa sechs Meter Höhe gestürzt und hatte dabei alles gebrochen, was ein Mensch brechen kann, ohne auf der Stelle tot zu sein. Trotz seines langen Krankenhausaufenthaltes hatte er den Anschluß an die Klasse nicht verloren, ein Zeichen dafür, daß er gar nicht so dumm war, wie er sich oft stellte. Die Klasse empfing ihn damals mit viel Hallo. Seitdem galt er als eine Art Klassennarr, der sich manches erlauben konnte.

Jetzt also meldete er sich, und als Dorian fragte, was er

wollte, sagte er mit ernster Miene: „Ich könnte zum Beispiel Deutsch gut entbehren."

Die Klasse brüllte. Dorian war wütend, er sah aus, als
wollte er dem Spatz am liebsten das Klassenbuch an den
Kopf werfen, dann aber stand er mit einem plötzlichen
Entschluß auf und verließ das Klassenzimmer, er kam
auch an diesem Vormittag nicht wieder.

„Das habt ihr mir zu verdanken!" brüstete sich der
Spatz und tat sich dicke. Von da an hatte sich das Verhält-
nis der Klasse zu Dorian nie wieder richtig eingerenkt.
Leider war er der Klassenlehrer.

Er kam also jetzt, und die Stunde begann. Erika war
nicht bei der Sache.

„Warum willst du denn erst morgen abstimmen lassen?" schrieb Marianne, ihre Banknachbarin, auf einen
Zettel und schob ihn Erika hin. Die las die Frage, lächelte
vor sich hin und schrieb darunter: „Darum!" Marianne
schnitt ihr eine Fratze.

Auch später, in der großen Pause, rückte Erika nicht
mit dem Grund heraus. Sie hatte ihren Plan, und den ver-
riet sie nicht.

Es regnete, und die Schüler brauchten nicht in den Hof
hinunterzugehen. Das Gymnasium lag an der Stadt-
mauer, es war ein altes Klostergebäude, das nur innen ein
wenig verändert war. Es hatte Fachwerk und wunderschöne Fenster, die zum Teil so dicht nebeneinander lagen, daß man keine Mauer dazwischen sah, zwei Kloster-
höfe, in denen die Schüler ihre Pausen verbringen konnten. In den kleineren durfte nur die Oberstufe. Der Hof
wurde an zwei Seiten von der Innenecke des Gebäudes
eingefriedet und an den beiden anderen von einer halbhohen Mauer. Er besaß einen sehr hübsch gefaßten Brunnen, Sträucher, eine Schwarzkiefer. Überhaupt war das
Ganze so schön und so gut in den Maßen und so anhei-

melnd, daß eigentlich jeder Schüler seine Schule liebte, auch wenn er es bestritt. Schöne Gebäude wirken auf Menschen, sie strahlen Harmonie, Geborgenheit und Frieden aus. Erika, deren Vater Kunsterzieher war, wußte das besser als ihre Mitschüler. Deshalb hatte sie die Abstimmung für morgen angestrebt. Sie hörte früh, ehe sie in die Schule ging, immer die Nachrichten, da kam auch die Wettervorhersage, und die hatte heute morgen, Erika hatte es mit Freude registriert, für die nächsten Tage Schnee angesagt. Schnee, und das im Städtchen, das in der alten Klosterschule! Jahrelang hatte es vor Weihnachten keinen richtigen Schnee gegeben. Erika erinnerte sich aber an das Jahr, in dem sie hier angefangen hatte, da war zum ersten Advent Schnee gefallen. Und wenn das alte Gebäude an sich schon schön war, im Schnee sah es einfach zauberhaft aus. Darauf baute sie ihren Plan.

Wenn es morgen früh geschneit hätte, wenn Dach und Fenstersimse und die alten Mauern weiß bepudert wären, da würde die Klasse anders abstimmen als heute, da ein trübseliger Regen auf das Städtchen fiel und die Gemüter bedrückte. Regen macht schlechte Laune und zänkisch, aber Schnee zur richtigen Zeit, also jetzt, in den Adventswochen, stimmte froh. Es war immer wie ein Geschenk, wenn früh die helle Dämmerung zu den Fenstern hineinleuchtete und alle Räume geheimnisvoll veränderte. Schnee, Schneeballschlachten, Schneemannbauen, Rodeln, Skilaufen! Morgen würde all das möglich sein, wenn der Rundfunk recht vorausgesagt hatte.

Er hatte recht! Erika, kaum erwacht, rannte ans Fenster und blieb dort aufatmend stehen. O diese weiße Pracht! Sie erinnerte sie an eine Stelle in einem Buch, das sie sehr liebte. Ihre Mutter hatte ihr und den Geschwistern früher diese Geschichte jedes Jahr um diese Zeit vorgelesen. „Es war ein Abend von flaumweicher Stille und lilienreiner Friedsamkeit. – Und wären die Sterne herniedergesunken, niemand hätte sich gewundert." So empfand es Erika, obwohl es Morgen war und kein Abend. Niemand hätte sich gewundert.

Der Schnee beschenkte alle. Und die Klasse würde fröhlich und zugänglich sein und ihr keinen Strich durch die Rechnung machen, wenn sie eine Weihnachtsfeier befürwortete. Sie hatte für die Feier einen geheimen Plan.

Einer ihrer Brüder hatte ein Theaterstück geschrieben, das sollte aufgeführt werden. Ein Dreikönigsstück: Drei Könige sind auf dem Weg zum Stern und wollen das Christkind finden, aber sie kommen nicht aus dem Morgenland, sondern einer aus Bayern, einer aus Schwaben und einer aus China. Sie sprechen Dialekt, und Erika hatte sich sehr darauf gefreut, es mit ihrer Klasse aufführen zu können, sozusagen als Uraufführung. Ein Junge in ihrer Klasse stammte wirklich aus Bayern, er sprach den Dialekt noch unverfälscht, ein Schwabe war in ihrer Umgebung leicht zu finden, und als Chinesen würde sie Cornelia nehmen, eins der Mädchen, das ein ausgesprochenes schauspielerisches Talent besaß. Das mußte überall im Text, wo ein r vorkam, dieses als l sprechen, und Erikas Bruder hatte es geschickterweise so eingerichtet, daß sehr viele r in diesem Text vorkamen, was in l übertragen ungeheuer komisch klang. Wenn es jetzt Schnee gab und die meisten für die Weihnachtsfeier stimmten, konnte also das Stück über die Bühne gehen.

Erika wünschte sich das heiß. Frieder, dieser Bruder, war von der Natur ein wenig benachteiligt zur Welt gekommen, er hatte zwar keine verkrüppelten, aber doch nicht ganz normale und gesunde Füße. Seine Eltern hatten alles unternommen, was man unternehmen kann, um diese Mißbildung auszugleichen, waren bei berühmten

43

Orthopäden gewesen, hatten alles getan, um dem Jungen zu helfen. Es war besser geworden, aber nicht gut. Frieder hatte das Laufen gelernt, er verstand sogar, die Behinderung so weit zu verbergen, daß der, der es nicht wußte, es wochenlang nicht bemerkte. Aber es kostete ihn viel Mühe und unendlich viel Kraft, was anderen selbstverständlich war, und manches blieb ihm überhaupt versagt: Rodeln zum Beispiel oder Skilaufen, auch tanzen würde er wohl nie können. Um so eifriger hatte er sich mit anderen Dingen beschäftigt, und dazu gehörte auch, daß er sich schriftstellerisch betätigte. Er hatte dieses Dreikönigsspiel geschrieben, dem Erika nun zur Aufführung verhelfen wollte.

Sie stand noch immer träumend und sah in den Schnee hinaus. Dann lief sie ins Bad, schnell duschen, anziehen und fertig werden für die Schule, heute würde abgestimmt!

Erika wartete, bis die Klasse sich in der großen Pause so richtig ausgetobt hatte, alle waren wie trunken vom ersten Schnee. Dann rief sie alle zusammen. Sie gingen ins Klassenzimmer zurück. Nun kam die Entscheidung. Wirklich, sie hatte richtig gerechnet! Von den dreißig Schülern und Schülerinnen stimmten achtzehn für die Weihnachtsfeier. Zwei Stimmen waren ungültig, zehn dagegen. Hurra, sie hatte gewonnen! Auch die drei Könige freuten sich, daß sie nun spielen würden.

Wer sich nicht freute, war Hans Heimann.

„Das macht eine Masse Arbeit und kostet Zeit, und haben tut man nichts davon!" murrte er. Erika fand, daß man für eine schöne Weihnachtsfeier schon Arbeit und Zeit aufwenden könnte, und der Ausdruck „man hat nichts davon" paßte, so meinte sie, überhaupt nicht in diese Zeit. In die Zeit der Vorfreude, des gegenseitigen

Schenkens, der Vorbereitung. Das aber mußte sie ihm diplomatisch beibringen.

„Weißt du was? Wir machen es einmal ganz anders als sonst. Ehe das Dreikönigsspiel über die Bühne geht, lassen wir den Nikolaus kommen. Den macht das Gewichtheberle. Und der muß allen Lehrern etwas bringen, womit man sie ein bißchen aufzieht. Dem Log – " bei dem hatten sie Musik – „bringt er zum Beispiel einen riesengroßen Kamm, ich weiß, wo es solche gibt. Damit der Log sein volles Haupthaar striegeln kann." Die andern lachten. Der Log hatte eine große Glatze, über die er selbst oft Witze machte.

„Und der Mätzin schenken wir ein Paar Stelzen. Weil sie so winzig ist und immer darüber jammert, daß sie uns nicht über die Köpfe weggucken kann."

„Und der Heimbold kriegt . . ." Jetzt war die Klasse angesteckt von Erikas Idee, sie waren alle aufgeschlossen und vergnügt, und jeder wollte etwas dazu beitragen, daß es lustig zugehen sollte bei der Klassenfeier. Sogar Hans Heimann zeigte sich jetzt zugänglicher.

„Wir müssen gut überlegen, was wir den einzelnen schenken", sagte er. „Bei manchen wüßte ich mindestens dreierlei und bei manchen wieder gar nichts. Wer hat zum Beispiel eine Idee, womit wir den Gold aufziehen könnten?"

Der Gold gab Biologie, und sie mochten ihn eigentlich alle gern.

„Hach, der kriegt einfach ein Säckchen mit vergoldeten Nüssen und ein paar Silberknöpfen darin", schlug einer vor, „und vorn auf das Säckchen schreiben wir: ‚Gold und Silber lieb' ich sehr . . .' "

Die Klasse lachte. „Und dann müssen wir . . ."

Jeder wollte den andern überschreien, es gab Gequietsche und Gelache und Geschimpfe, und Dorian, der zur

45

nächsten Stunde kam, fand eine ausgelassene und aufgeregte Klasse vor, die zunächst überhaupt nicht zu bändigen war.

„Was habt ihr denn?" fragte er ziemlich unwirsch. Erika meldete sich. Er hätte an ihren schwarzen, funkelnden Augen eigentlich merken müssen, daß sie etwas im Schilde führte, aber er ahnte nichts.

„Wir haben noch nichts, aber wir wollen Ihnen gern etwas schenken", sagte sie, als er sie aufrief. „Bitte wünschen Sie sich etwas!"

Die Klasse prustete. Dorian zog seine Stirn in Falten.

„Jetzt haben wir Deutsch und keine Zeit für Unfug", sagte er verdrießlich. „Setzen. Und bitte Ruhe! Hans Heimann, fang an."

In der nächsten Pause wurde notiert, was man schon hatte an Geschenkvorschlägen. Bei den Lehrern, für die einem noch nichts eingefallen war, mußte man also ein bißchen spionieren gehen. Wer? Die Klassensprecher natürlich, meinten die anderen. Erika gab Hans einen verstohlenen Knuff und antwortete für sie beide: „Natürlich. Wir gehen und laden sie ein, und dabei schnuppern wir ein bißchen im Haus herum. Da wird uns schon etwas einfallen."

Sie war guten Mutes. Wenn das Dreikönigsspiel aufgeführt wurde, würde sich Frieder sehr, sehr freuen. Es war für ihn bestimmt das schönste Geschenk. Und schenken, glücklich machen, erfreuen gehört nun einmal zu Weihnachten. „Seht, ich verkündige euch große Freude", hatte der Engel gesagt, als er vor den Hirten stand. Und „O Freude über Freude" fing eines der schönen alten Weihnachtslieder an. Erika sang es vor sich hin, während sie nach Hause stapfte, durch den Schnee, der noch immer fiel, sacht und stetig. Alles würde wunderschön werden!

Am Nachmittag des übernächsten Tages zog sie mit Hans los. Einer aus der Klasse, der sehr schön zeichnete, hatte die Einladungen zur Klassenfeier gestaltet und vervielfältigt, es war ein schönes Programm geworden.

Gemeinsames Singen, Kaffeetafel, Besuch des
Nikolaus, Dreikönigsspiel, wieder gemeinsames Singen.
Alle Lehrer sind herzlich eingeladen.
Die Klasse acht.

„Die Klausnerin, Mätzchen und Dorian wohnen alle drei in der Siedlung am Hochwald. Müßte Klein-Paukersdorf heißen", sagte Hans. „Erst gehen wir zur Klausnerin. Für die weiß ich gar nichts. Wir können ihr doch nicht Vokabeln schenken, die liebt sie heiß und nichts anderes." Frau Klaus gab Englisch. Sie war schon älter, nicht mehr ganz schlank, spielte Cello im Schulorchester, gab viel auf und hieß mit Vornamen Rose. Erika seufzte, als sie in ihre Straße einbogen.

„Röslein, Röslein, Röslein rot – für sie weiß ich auch nichts. Nicht mal was Scheußliches."

Das Haus mit der betreffenden Nummer war klein, anscheinend aber doch von zwei Parteien bewohnt, denn es standen zwei Namen an dem Schild unter der Klingel. Der untere lautete Klaus. Hans schellte.

Nichts. Erst nach einer Weile hörte man Schritte, sie kamen von unten herauf.

„Dic haust im Keller. Na, so was", staunte Erika. Gleich darauf wurde geöffnet. Es war Frau Klaus selbst, atemlos, erhitzt, aber freundlich fragend.

„Oh, Erika Schwarz und Hans Heimann? Was führt euch zu mir?" Es klang recht nett. Erika stammelte etwas von Klassenfest und Feier und hielt die Einladung vor sich hin. Wenn die Klausnerin sie nun nahm und ihnen

47

dann die Tür mit „danke schön" vor der Nase zuklappte, wußten sie auch nicht mehr als vorher. In der Theorie hatte es ganz leicht ausgesehen, schnuppern zu gehen. In der Praxis aber . . .

Indes, sie tat es nicht.

„Würdet ihr bitte hereinkommen? Ich bin zwar gerade sehr eingespannt, aber ihr könntet ja – kommt, ich gehe voran." Die beiden folgten. Wirklich, die Klausnerin stieg in den Keller hinunter. Nun wurden sie neugierig.

Und die Neugierde war berechtigt. Der Keller war ausgebaut und eingerichtet. Karierte Vorhänge an den kleinen, hoch oben an der Wand befindlichen Fensterchen, auf den Regalen rings an den Wänden Leuchter mit brennenden Kerzen. Ein großer, rechteckiger Tisch in der Mitte, darauf eine Riesenschale mit Äpfeln und Nüssen. Um den Tisch saßen an die zwanzig Kinder, teils Nüsse knackend, teils flötend, manche klimperten auf Glockenspielen, andere unterhielten sich, und wieder andere blätterten in Notenheften. Frau Klaus hatte ihr Cello in der Ecke an die Wand gestellt und holte es jetzt wieder vor.

„Es sind Kinder aus unserer Straße, und ich wollte – ich möchte – wißt ihr, hier in Deutschland kennt man nur bestimmte Weihnachtslieder. Die ganz alten – sehr schöne! – und die des neunzehnten Jahrhunderts, möchte ich sagen. ‚Kling, Glöckchen' oder ‚Am Weihnachtsbaum die Lichter brennen' und solche. England hat mehr und sehr schöne, die möchte ich den Kindern mitgeben ins Leben. Was man als Kind lernt, vergißt man nicht . . ." Sie sprach eigentlich etwas schüchtern, entschuldigend, sehr nett, fand Erika.

„Wollt ihr noch ein bißchen mitsingen? Oder spielen? Hier ist noch ein Xylophon frei." Sie rückte es vor Erika hin. Und dann sah sie „ihre" Kinder auffordernd an und zählte.

„Noch mal eins – zwei – drei – Engel haben Himmels-
lieder –"

Das kannte Erika auch. Sie nannten es zu Hause „das
große Glo" und schmetterten es gern, die großen Jungen
und sie. Hans hatte es noch nie gehört. Er langte sich ein
Notenbüchlein vom Tisch.

„Glo-ria!" klang es jubelnd. „In excelsis deo – "

„Ihr könnt es schon wunderbar", lobte die Klausnerin
ihre Kleinen, als das Lied zu Ende war, „und nun noch
‚Fröhliche Weihnacht überall', das stammt auch aus England. Und dann . . ."

„Du, einmal müssen wir aber weiter", sagte Hans nach
längerer Zeit und gab Erika einen kleinen Stoß in die
Seite. Die hatte sich in das metallisch klingende Xylophon verliebt und schlug die Quinten, es klang wie Glok-
ken.

„Ja, schade. Ich würde gerne noch weiterspielen."

Frau Klaus brachte sie zur Tür.

„Und vielen, vielen Dank für die Einladung! Ich
komme natürlich gern."

„Du, die ist aber ganz anders als in der Schule", sagte
Hans tiefsinnig, als sie wieder auf der Straße standen.
„Der schenken wir nichts Häßliches. Mehr was Lustiges,
meine ich. Wie wär' es mit einem Stoß Kinderlätzchen für
ihre Kinderschar? Sicherlich hat jeder von uns zu Hause
noch welche liegen, von früher, und da freut sie sich . . ."

Erika lachte.

„Ja, gute Idee. Aber jetzt auf zu Dorian, damit wir den
hinter uns haben. Er wohnt doch gleich hier in der Nähe,
und dann noch die Mätzin, das schaffen wir noch."

Die Siedlung sah im Schnee ganz anders aus als sonst.
Einfamilienhäuser mit kleinen Vorgärten, deren Bäume
und Sträucher noch jung und klein waren, aber der
Schnee putzte alles heraus. Als sie in die nächste Straße

einbogen, kam ihnen ein Mann entgegen, der einen Rollstuhl schob. Erika und Hans traten zur Seite, um ihn vorbeizulassen, sie erkannten ihn erst im letzten Augenblick. Es war Dorian. Sie grüßten ein bißchen erschrocken. Dorian grüßte wieder.

Im Rollstuhl saß eine ältere Dame. Sie hatte ein buntes Seidentuch um die Haare geknüpft und die Hände in dunklen Pelzhandschuhen auf der Decke liegen. Erika sah einen winzigen Augenblick in das Gesicht der Dame. Dann waren sie vorbei.

„Ist das seine Frau?" fragte Hans leise, während sie weiterliefen. Es war sinnlos weiterzulaufen, aber sie wollten erst einmal Abstand gewinnen.

„Seine Frau, du bist verrückt! Dazu ist die doch viel zu alt! Vielleicht seine Mutter?"

Sie gingen langsamer und blieben endlich stehen. Erika sah sich um. Dorian war noch zu erkennen, am Ende der Straße.

„Komm", sagte sie mit einem raschen Entschluß, „wir müssen ihn doch einladen."

Hans folgte zögernd. Sie erreichten ihren Klassenlehrer, als er den Rollstuhl gerade vom Bordstein auf die Straße hinunterrollen ließ, vorsichtig, behutsam. Als er auf der anderen Seite wieder auf den Fußweg hinaufwollte, faßten sie mit an, Erika auf der einen, Hans auf der anderen Seite.

„Danke!" sagte die Dame und lächelte ihnen zu. „Ihr seid aber freundlich! Ist der Schnee nicht wunderbar? Ich glaube, ich habe noch nie so schönen Schnee mitbekommen!"

Man glaubte es ihr. Ihr Gesicht leuchtete, sie sah zu ihrem Sohn auf und nickte ihm zu. Er lächelte sie an.

„Ja, Mutter. Ich auch nicht. – Meine Mutter hat viele Monate im Krankenhaus gelegen, versteht ihr . . ."

Sie gingen mit, rechts und links vom Rollstuhl. Die Dame fragte dies und jenes, und dann kamen sie mit ihrer Einladung heraus. Erika legte das Blatt auf den Schoß der Dame. Diese betrachtete entzückt die Zeichnung.

„Und ein Dreikönigsspiel gibt es auch? Nein, so etwas Wunderbares! Am liebsten käme ich da auch!"

„Aber Sie können doch! Sie sind herzlich eingeladen."

Erika hatte blitzschnell überlegt. Das Klassenzimmer befand sich unten im Schulgebäude, man würde lediglich drei Stufen hinaufmüssen mit dem Rollstuhl, und das

ging bestimmt, wenn ein paar mit anfaßten. Das Gewichtheberle vielleicht . . .

Sie sagte es. Dorian sah sie an, zweifelnd, aber doch gerührt. „Gut, wenn ihr sie einladet und Mutter wirklich gern kommen möchte . . ."

„Oh, und wie gern! Ich freue mich so! Nicht wahr, Doriändel, du nimmst mich mit?"

Sie sah bittend zu ihrem Sohn auf, und ihr Gesicht war auf einmal ganz jung, beinah wie das eines Kindes.

„Tja, das wäre erledigt", sagte Hans, als sie sich von Dorians verabschiedet hatten und weitertrabten, der nächsten Adresse zu, „und die freut sich wirklich. Nur, was wir ihm schenken, wissen wir immer noch nicht."

„Nein." Erika sah nachdenklich vor sich hin. „Am besten – weißt du, jetzt ist doch bald Christkindlmarkt. Und da gibt es so große Pfefferkuchenherzen, mit Aufschrift aus Zuckerguß. Da kann man sich draufmalen lassen, was man will, und gleich drauf warten. Da schenken wir ihm ein Herz mit ‚Der lieben Mutter' und ihr eins, da muß draufstehen: ‚Meinem Doriändel'. Das fand ich so komisch, daß sie ihn so nannte, noch dazu, wo wir dabei waren!"

„Ich auch." Hans schüttelte ein wenig den Kopf. Er mußte dann aber doch lachen. „Doriändel ließ' ich mich nie von meiner Mutter nennen."

„Die sagt dann wohl ‚Heimändel' oder so ähnlich?" lachte Erika. „Komm, zur Mätzin. Hoffentlich ist sie da."

Sie fanden Straße und Haus. Es war jetzt schon dämmerig. Erika schellte. Niemand kam. Sie standen ein Weilchen, trampelten sich die Füße warm, schellten dann noch einmal, eigentlich ohne auf Erfolg zu hoffen.

„Niemand da. Wie dumm", sagte Hans, „da müssen wir morgen noch mal loslaufen." Er wollte gehen.

„Warte, ich hab' was gehört."

Sie lauschten. Wirklich, da kamen doch leise Schritte, sie klangen irgendwie betrübt, man merkte das durch die Tür. Und dann wurde die Haustür ein Stückchen weit geöffnet.

Es war Frau Matz, „die Mätzin", selbst. Die beiden sahen sie an und dann gleich wieder weg. Es war nicht zu leugnen, das Gesicht der jungen Lehrerin war – nun, verheult. Wie ein verheultes Kind sah sie aus, die schneidige junge Sportlehrerin, die beim Volleyballspiel so geschickt und schnell herumflitzte und Delphin schwamm wie keine andere. Und jetzt schniefte sie auch, während sie die Tür aufstieß und die beiden hereinwinkte.

„Seid nur nicht böse, ihr zwei, daß ich nicht gleich kam." Sie ging ihnen voran durch den Flur ins Zimmer. Dort brannte kein Licht, und sie knipste auch keins an. „Setzt euch, ich bin gerade – ich . . ." Wieder schnupfte sie und verstummte. Erika sah eine Sekunde zu ihr hin und dann schnell wieder vor sich nieder.

„Ist – ist was passiert?" fragte sie angstvoll. Gottlob schüttelte Frau Matz sogleich den Kopf.

„Aber nein, nein! Nur, jetzt in der Adventszeit, wißt ihr, ich habe zu Hause eine Menge Geschwister, und wenn es dann schneite, so wie jetzt, um diese Zeit, es war immer so schön bei uns zu Hause. Ja, euch kommt es sicherlich blöde vor, wenn ein Erwachsener deshalb heult, und es ist auch blöde, nur, auch Lehrerinnen sind manchmal ganz furchtbar blöde und dumm." Sie versuchte zu lachen, es klang kläglich, aber andererseits sehr lieb. Erika stieß sich von dem Stuhl ab, auf dessen Kante sie bisher gehockt hatte, und lief auf die junge Referendarin zu, schlang, eine letzte kleine Scheu überwindend, die Arme um ihren Hals. Sie war genauso groß wie sie.

„Aber wo, nicht dumm, überhaupt nicht", flüsterte sie, „Heimweh kann jeder haben. Und wenn man aus einer

53

großen Familie stammt und in der Adventszeit allein ist – ich war mal weg zur Erholung, auch um diese Zeit, das war schrecklich. Ich bin fast gestorben vor Sehnsucht nach zu Hause."

Sie sagte noch mehr. Leise, verschämt, aber eindringlich.

Hans Heimann hatte sich ans Fenster gestellt und sah hinaus, wie der Abend über den verschneiten Garten herabsank. Ihm war das Ganze sehr peinlich, Erika anscheinend überhaupt nicht.

„So, und dann haben wir eine große Bitte", hörte er Erika jetzt sagen, wieder lauter, sachlich, dabei herzhaft. „Samstag in acht Tagen ist unsere Klassenweihnachtsfeier. Dazu kommen Sie doch auch, ja? Hier . . ." Sie legte die Einladung vor Frau Matz hin. Die war aufgestanden und drehte das Licht an.

„Oh, ein Dreikönigsspiel! Wir haben auch mal eins aufgeführt, meine Geschwister und ich, zu Hause. Ich war der Mohr."

„Sie haben eins aufgeführt? Da könnten Sie uns vielleicht helfen? Wir haben nämlich noch keinen Regisseur. Geschrieben hat es mein Bruder, aber die Regie führen müßte jemand anders, sagte er. Er will soufflieren."

„Theater gespielt haben wir zu Hause öfter", sagte Frau Matz zögernd, „nicht nur dies eine Mal. Zu jedem großen Fest wurde etwas aufgeführt, und das war immer herrlich!"

„Ja? Würden Sie uns helfen? Heute sind die drei Könige bei meinem Bruder zur Besprechung, wenn wir uns beeilen, kommen wir noch zurecht. Sie könnten . . ." Und nun sprudelte es nur so aus Erika heraus. Daß Frieder ein bißchen körperbehindert sei und daß er sich freuen würde, und es sei ja immer besser, wenn Erfahrene Regie führten.

54

Es endete damit, daß sich Frau Matz in aller Eile umzog, sie vergaß sogar, sich das Gesicht zu waschen, so schnell wollte sie losgehen, damit man die Spieler noch sprechen konnte. Sie gab Turnen bei den Mädchen, kannte also nur Cornelia richtig, die anderen beiden Könige nur vom Sehen. Nebeneinander hasteten sie zu dritt durch die Siedlung, Erikas Zuhause entgegen.

„Wir müssen öfter proben, das geht nicht so aus dem Stegreif", sagte Frau Matz wichtig. „Natürlich gibt es Stegreifspiele, aber so ein Stück wie eures muß richtig vorbereitet sein. Diese Geschichte ist wunderschön. Es ist so wichtig, daß man sie richtig begreift und den Königen hinterdreinläuft."

Erika und Hans schauten sich überrascht an und gleich wieder fort. Frau Matz hatte in ihrem Eifer gar nicht gemerkt, daß sie gerade mehr gesagt hatte als üblich, sie war schon ganz bei den Vorbereitungen zum Spiel: „Gut, daß ich keine Klassenarbeiten zu korrigieren habe, das ist der Vorteil beim Turnen. Ob aber die anderen aus der Klasse einverstanden sind, wenn ich mitmache?"

„Die sind bestimmt froh, wenn sich ein Erfahrener der Sache annimmt", sagte Hans Heimann überzeugt. „So, da sind wir."

Die beiden Jungen, der Bayer und der Schwabe, saßen schon bei Frieder, ein wenig gelangweilt, auch Cornelia war da. Sie guckten erst erstaunt, als die beiden mit der Sportlehrerin erschienen, und hörten sich dann den Vorschlag an. Die Eltern waren nicht daheim, so übernahm Erika das Amt der Hausfrau.

„Ich koche einen Tee, Cornelia, dort auf dem Bord stehen die Becher! Gibst du sie mal runter, ja? Und Striezel hat Mutter schon gebacken, ich hole welchen." Im Handumdrehen war der Tisch gedeckt. Man setzte sich, die drei Akteure mit ihren Rollenheften, Frau Matz begann sofort zu lesen.

„Nein, erst wird gefuttert", sagte Erika, „dann lesen wir. Wir machen doch gleich die erste Leseprobe?" fragte sie Frau Matz. Die nickte.

„Gern, wenn ihr mögt! Ich habe heute abend Zeit."

„Prima! Hier." Erika schob ihr den Teller mit dem Weihnachtskuchen hin. Frau Matz strahlte.

„Schmeckt genau wie zu Hause! Haarscharf genau! Deine Mutter muß mir unbedingt das Rezept geben!"

Cornelia sah die junge Sportlehrerin an, die sie sehr gut leiden konnte. „So wie die Mätzin möchte ich auch einmal werden", dachte sie.

Und dann begann die Leseprobe, Frieder saß dabei und hörte zu. Wie anders nahmen sich die Worte, die er geschrieben hatte, im Munde der Schauspieler aus! Sie bekamen eigenes Leben, wurden lebendig und bunt. Die

Sehnsucht der drei Könige, die Krippe und das Kind zu finden, klang auch durch die lustigen Stellen hindurch, und man merkte, wie sie jede Strapaze auf sich zu nehmen bereit waren, um ans Ziel zu gelangen.

Einen Augenblick war es still, als sie zu Ende gelesen hatten. Dann sprach Frau Matz den Schluß der ursprünglichen Geschichte:

„Sie gingen und fanden das Kind mit Maria, seiner Mutter, und fielen nieder und beteten es an und taten ihre Schätze auf und schenkten ihm Gold, Weihrauch und Myrrhe."

„Unglaublich", entfuhr es Frieder, „dieses Ungestüm der Könige, das muß ich in mein Spiel unbedingt noch hineinbringen, daß sie nicht rechts noch links schauen, wie atemlos sind sie: Sie gehen, finden das Kind, knien nieder und beten es an, packen ihre Schätze aus und schenken."

„Ja, ob wir denn unser Programm noch einmal ändern?" fragte Hans Heimann.

„Wieso? Warum?" ging Erika hoch. Das Programm war schließlich ihre Idee gewesen.

„Wenn das so ist mit dem Schenken", druckste Hans Heimann, „dann können wir damit keinen aufziehen, dann ist das ja ganz anders –" Er hatte offensichtlich Mühe, sich richtig auszudrücken.

„Du hast recht", kam ihm Frau Matz zu Hilfe „weil wir die Beschenkten sind, ganz und total, darum wollen wir auch schenken, Freude bereiten, Liebe geben, je mehr, desto größer die Freude."

„Ich weiß, wie wir es machen", rief Erika, „wir streichen den Nikolaus, und die Geschenke kommen nach unserem Spiel! Da müssen wir noch ein paar Geschenke ändern, daß es richtige sind, an denen die Pauker merken, wie wir es meinen."

Hans bezweifelte, ob die Lehrer es begreifen würden. Aber Erika ließ sich nicht von ihrer Idee abbringen: „Dann muß eben ein Sprecher das Spiel noch einmal zusammenfassen wie in der biblischen Geschichte:

Sie gingen und fanden das Kind und fielen nieder und beteten es an und taten ihre Schätze auf und schenkten.

Und du bist der Sprecher, Hans!" schloß sie triumphierend. Zu ihrer Überraschung sagte Hans Heimann nicht nein. – Er, der vor ein paar Tagen gemeint hatte, Weihnachten, das sei eine Sache für die Kleinen.

Weihnachten unterwegs

Der Zug schnaufte durch die schnell einfallende Dämmerung des Weihnachtsabends, erst gestopft voll mit Leuten, die noch heimwollten, dann immer leerer werdend. In meinem Abteil saß nun schon eine ganze Weile außer mir nur noch ein junger Mann von dunkler Hautfarbe, ein Inder vermutlich, schmal und fein, mit einem verschatteten Gesicht. Wohin mochte er fahren in dieser Nacht? Seine Heimat lag weit, weit – viel weiter weg als meine, die ich gern noch erreichen wollte. Immer wieder sah ich nach der Uhr: Bekam ich den letzten Anschluß noch? Draußen fiel Schnee, und der Zug wurde immer langsamer, wie mir schien. Es war schlimm, so in der Weihnachtsnacht unterwegs zu sein. „Wandrer sind wir alleweilen, hier beisammen, dort allein –", dachte ich. Wo hatte ich das gelesen? Wie ging es weiter?

Damals war ich siebzehn und machte eine Buchhändlerlehre in Stuttgart. Mein Zuhause aber befand sich in Westfalen, wo Mutter auf einem Gutshof wohnte und Weihnachten noch alle ihre Kinder um sich versammelte. Dies sollte später nur noch bei Hochzeiten gelingen, die allerdings dann Schlag auf Schlag folgten. Damals jedoch zog es uns zum Heiligabend noch vollzählig nach Hause; Weihnachten war das Ziel des Jahres.

Nirgends konnte es schöner sein als bei uns, und ich beneidete meine Geschwister, die es sich als Schüler und Studenten leisten konnten, etwas eher heimzufahren. Ich selbst hatte noch am Vierundzwanzigsten bis mittags zwischen Regalen und Kasse hin und her hetzen müssen, um unentschlossenen Käufern Bestseller und Ladenhüter unter die Nase zu halten, in nimmermüder, manchmal aber recht anstrengender Freundlichkeit und der Angst, meinen Zug zu versäumen.

Erreicht hatte ich ihn also. Allmählich aber mußte ich mich mit der Wahrscheinlichkeit abfinden, daß es mit dem Anschluß doch nicht mehr klappen würde. So war es denn auch: Fünfzehn Kilometer vor dem Ziel blieb ich sitzen, in Warenburg, unserer kleinen Kreisstadt, in der meine Brüder aufs Gymnasium gegangen waren und wir alle größeren Einkäufe erledigten. Die Kleinbahn hatte nicht gewartet, schon seit einer Stunde war der letzte Zug weg.

Da standen wir auf dem Bahnsteig, der junge Mohrenkönig, der auch ausgestiegen war, und ich, und wußten nicht, wie es nun weitergehen sollte. Ich muß kläglich ausgesehen haben, denn in dem Moment, da ich mich umdrehte, um zum Wartesaal zu trotten, faßte mich jemand unter den Arm, und eine tiefe und rauhe Stimme sagte unerwartet freundlich und lieb: „Na, na, halb so schlimm, mir geht's nicht besser." Die Stimme gehörte zu einer großen dicken Dame im Pelz, und der Druck ihres Armes und ihre herzlichen Worte wirkten gleichermaßen tröstlich und verheerend auf mich: Mir kamen die Tränen wie ein Sturzbach. Wir gingen miteinander den Bahnsteig entlang und landeten an einem Tisch, an dem sich soeben ein stoppelhaariger Zwölfjähriger niedergelassen hatte. Die Dame schob mich neben ihn und ging dann noch ein paar energische Schritte zurück, holte den jungen Ausländer zu uns heran und sagte: „Setzt euch. Es gibt gleich was zu trinken." Damit setzte sie sich selbst auch, wobei sie mindestens anderthalb Plätze einnahm. Ich mußte mitten in meinen Tränen ein kleines bißchen lachen.

Nachdem ich mir die Augen ausgewischt hatte, wußte ich sogar, wer sie war. Frau von Kalckreuth aus Brake, einem Gut etwa fünf Kilometer von meinem Zuhause entfernt, jeder in Warenburg und Umgebung kannte sie oder hatte doch von ihr gehört. Eine ebenso merkwürdige wie großartige Frau: Zweimal verwitwet, hatte sie eigene und angenommene Kinder großgezogen und in die Welt geschickt, betreute jetzt einen kranken Bruder und beschäftigte mehrere Behinderte. Man gehorchte ihr mit Freu-

den und einem kleinen Augenblinzeln, weil man merkte, daß sich hinter ihrer scheinbaren Herrschsucht sehr viel Güte verbarg. Eins ihrer Kinder hatte sie durch einen Autounfall verloren – seitdem bestieg sie kein Kraftfahrzeug mehr, das wußte ganz Warenburg.

Überhaupt war das Städtchen auf dieses Original stolz. Niemand zum Beispiel nahm ihr übel, daß sie jeden Menschen duzte, vom Geldbriefträger bis zum Professor.

Der bräunliche junge Mann am Tisch allerdings sah sie ein wenig zweifelnd an und sagte: „Sie sind sehr freundlich." Dies war, wie wir später feststellten, einer der wenigen deutschen Sätze, die er beherrschte, und mit diesem war er bisher am besten durch die deutschen Lande gekommen.

Die alte Dame bestellte zunächst für jeden von uns eine heiße Milch, für sich einen besonders starken Grog.

„Ihr wollt natürlich auch einen Grog, aber wohin kämen wir da!" sagte sie. „Zu meiner Zeit trank man in eurem Alter noch Milch. Und nun wollen wir sehen, was wir mit euch anfangen. Ich komme natürlich noch nach Hause, ich brauche nur anzurufen und werde geholt. Aber ihr! Wohin wolltet ihr?"

Es stellte sich heraus, daß nur ich wohin wollte. Der Junge, Kilian hieß er, war aus einem Waisenhaus fortgelaufen und unser Inder sozusagen vor sich selbst. Er hatte einfach nicht gewußt, wohin an diesem Heiligen Abend, an dem alle seine Arbeitskollegen ihrem Zuhause zustrebten. Bei ihm und dem Jungen war das Fortkommen wichtiger als das Hinkommen, merkten wir.

„Und du?" fragte die alte Dame mich. Ich nannte das Gut, auf dem Mutter wohnte. Frau von Kalckreuth kannte es natürlich, auch unsern Gutsherrn.

„Ruf an, daß du hier bist unter meinem persönlichen Schutz", ordnete sie an, „damit sich deine Mutter nicht sorgt. Und ruf auch bei mir an –" Sie nahm aus ihrer Handtasche, die die Größe eines mittleren Rucksackes besaß, einen Zettel, kritzelte Namen und Nummer darauf und übergab ihn mir. „Sie sollen mir den Zweispänner schicken. Ihr kommt alle mit zu mir heute abend. Auf mich warten jedes Jahr viele, nie aber so viele, als daß ich nicht noch welche mitbringen könnte. Weihnachten gehört jeder unter ein warmes Dach und an eine Krippe. Ich hab' eine uralte, wunderschöne – ihr könnt euch schon darauf freuen!"

Ich sah Kilians Jungengesicht aufstrahlen. Und so nickte ich ihm nur schnell zu und lief zum Telefon. Mein Herz wagte einen kleinen Sprung: Vielleicht ließ sie mich von dort aus nach Hause fahren?

Der Sprung war verfrüht wie noch manche Herzenssprünge im Lauf meines Lebens. Aus Brake wurde mir mitgeteilt, daß der, der den Zweispänner hätte fahren sollen, bereits dem Weihnachtspunsch erlegen sei. Eine weibliche, junge, sehr liebe Stimme teilte mir das mit, etwas beklommen und um Entschuldigung bittend und erst aufatmend, als ich beteuerte, daß Frau von Kalckreuth nicht in Hörweite hinter mir stünde.

„Ach ja, ich hätte achtgeben müssen, daß dies nicht passiert", lachte die junge Stimme sehr erleichtert, „aber hab' ich nicht. Wir kennen den Mann, und ich wußte, daß die Gefahr bestand. Aber ich bekam einen so wunderschönen Brief, und da las ich und las und vergaß alles um mich her." Ich konnte sie so gut verstehen. Ich befand mich ja auch in dem Alter, in dem man über schönen Briefen alles vergessen kann. Ich fühlte mich ihr spontan zugetan und freute mich mit ihr.

„Ich werde schon alles in Ordnung bringen", versicherte ich ihr also und legte auf, um im Haus, wo meine Mutter wohnte, anzurufen. Mutter holen lassen mochte ich nicht, es wäre mir schmerzlich gewesen, ihre Stimme zu hören und nicht zu ihr zu können. So ließ ich nur tausend Grüße ausrichten, daß ich mich unbändig auf morgen freute und großartig untergebracht wäre. Fertig. Und nun, nimm allen Mut zusammen und bring die fatale Botschaft an!

Es wurde schlimmer, als ich gefürchtet hatte. Frau von Kalckreuth schalt, als läge ich höchstpersönlich, einen Rausch im Kopf und unfähig, etwas zu tun, im Stroh neben den Pferden, die nun niemand einspannen konnte; und das kam mir so komisch vor, daß ich nur mit Mühe das Lachen verbeißen konnte. Sie sah so ungeheuer drollig aus, wie ein kollernder Truthahn, und ich mußte dem dunkelhäutigen jungen Mann neben mir auf den Fuß treten, weil er so sichtbar losschmunzelte.

Kilian aber feixte, er feixte breit und unverhohlen, und Frau von Kalckreuth hielt plötzlich im Schimpfen inne und fuhr ihn an: „Warum lachst du, dummer Bengel?"

„Die kann doch nischt dafür", sagte er mit einem Daumenwink zu mir hin, „un ick ooch nich. Wat ham Se denn davon, wenn Se nu hier so 'n Faß uffmachen!"

„Richtig", sagte Frau von Kalckreuth erkenntnisvoll und war sofort wieder gelassen, „Kindermund tut Wahrheit kund. Wir müssen überlegen. Was würdest du raten?"

Sie meinte unsern Dunkelmann. Er hob die Schultern, stellte die Ellbogen auf den Tisch und faltete die Hände in Mundhöhe.

„Sie sind sehr freundlich!" lächelte er asiatisch.

„Das nützt uns nichts", seufzte Frau von Kalckreuth und wandte sich an mich. „Und du? Überleg mal –"

„Madame soll doch 'ne Taxe anrufen oder'n Streifenwagen, wozu sin die denn da?" flüsterte Kilian mir zu. Ich kniff ihn in den Arm.

„Ruhig!" zischte ich so stark, daß er verstummte. Sie hatte gottlob nichts verstanden. Als ich nicht antwortete, sagte sie langsam: „Es muß uns schon etwas einfallen. Meine Leute warten auf mich, und ihr müßt auch unter ein Dach kommen. Der Warteraum wird nämlich zugemacht, hier können wir nicht bleiben."

Da kam mir ein Gedanke.

Meine Brüder waren in Warenburg zum Gymnasium gegangen und hatten hier Freunde, von denen ich natürlich die meisten kannte. Dazu gehörten drei Brüder, Söhne des Amtsrichters Wohlgemut, durch die ich übrigens erstmals von Frau von Kalckreuth gehört hatte. Es war schon eine Reihe von Jahren her, aber ich besann mich noch sehr genau darauf, weil es mir damals so sehr imponierte. Die Eltern dieser drei zu der Zeit noch ziemlich kleinen Jungen hatten ausgerechnet am Heiligabend beide ins Krankenhaus gemußt, wegen Diphtherie, und aus Angst vor Ansteckung wollte keiner die drei kleinen Buben zu sich nehmen. Da hatte Frau von Kalckreuth, die das zufällig hörte, sie sofort und ohne zu zögern holen lassen und sie für die ganze Zeit zu sich genommen, in der die Eltern nicht da waren; obwohl sie damals ihre eigenen Kinder noch im Haus hatte. „Man muß auch etwas wagen", hatte sie gesagt und Glück gehabt: Keines ihrer Kinder steckte sich an, und es wurde eine unvergeßliche, lautstarke und herrliche Weihnachtszeit auf Brake mit Pferdeschlitten und Getobe im glitzernden Schnee am Tag und langen, stillen Abenden, an denen man vor der Krippe auf dem Teppich hockte, Äpfel und Nüsse aß und auf die Geschichten horchte, die Frau von Kalckreuth erzählte. Sie war selbst in Palästina gewesen, und das Heilige Land breitete sich vor den Kindern aus, mit Steinwüsten und Geröll und Schafherden und Kamelen, mit heißem trocknem Wind und Gottesnähe.

„Dies Weihnachten vergessen wir nie", hatte damals einer der Wohlgemut-Jungen hinzugefügt, als er mir davon erzählte – und daran mußte ich jetzt denken. Wenn irgendwo, dann war dort Hilfe für die alte Dame, die heimwollte mit Kilian, dem Waisenkind, und Caspar, unserm Mohrenkönig, den beiden Heimatlosen.

Plötzlich wußte ich: „Heimatlich" – das war der Schluß jener Verse, um die ich mich die ganze Fahrt über bemüht hatte.

Wo wir an der Krippe stehen
ist die Erde heimatlich.

Wir stammen nicht aus Westfalen. Aber seit wir mit Mutter hier Weihnachten feiern durften, mit einem frisch duftenden Fichtenbaum aus den umliegenden Wäldern, einer winzigen Krippe mit Figuren, die die kleinen Brüder aussägten und Mutter anmalte, mit Watteschäfchen im Moos und einem Stern überm Stall und alten Liedern, seitdem war uns die Erde auch hier heimatlich geworden.

Dies alles ging mir gedankenschnell durch den Kopf, während ich, um keine vorzeitigen Hoffnungen zu erwekken, nur fragte, ob ich einmal schnell hinausdurfte. Ich lief hinaus, die Straße hinunter, und ziemlich atemlos erreichte ich das Haus der Wohlgemuts im Rabengäßchen. Gottlob, es war noch Licht!

Ich schellte. Stille. Gewiß schien es jedem unwahrscheinlich, daß es jetzt schellte. Als ich den Knopf jedoch zum zweitenmal drückte, fuhr ein trampelndes Donnerwetter die Stiegen herunter. Alle drei Buben, sprich jungen Männer, waren gleichzeitig gestartet und wollten wissen, wer, ob vielleicht das Christkind selbst oder der Ruprecht oder –

„Ich bin's bloß", rief ich ihnen vorsichtshalber entgegen, um sie vor Enttäuschungen zu bewahren. „Ein Glück, daß ihr noch wach seid!"

Und nun erzählte ich, nach Atem ringend, so kurz wie möglich unser Mißgeschick, während die drei mich ins Zimmer zogen. Ihre Eltern waren schon zu Bett, es traf sich also prächtig. Und ich bat nicht umsonst, wie sich sofort herausstellte.

„Frau von Kalckreuth? Die bringen wir heim, darauf kannst du dich verlassen!" riefen sie sofort, die Situation erfassend. „Und wenn wir sie auf Händen tragen sollten! Frau von Kalckreuth hat bei uns noch eine Weihnacht gut!"

„Großartig!" lachte ich. „Ich hab's nicht anders erwartet. Aber sie ist nicht allein. Wir müssen gut überlegen; daß sie nie Auto fährt, wißt ihr ja."

„Klar. Aber selbst wenn – mein Schnauferl hat leider heute nachmittag seinen Geist aufgegeben, dieser Schnee aber würde wahrscheinlich auch ernster zu nehmende Wagen mattsetzen. Pferdeschlitten fällt aus. Hm, was tun?" schloß Bodo, der Älteste. „Übrigens hab' ich heute nachmittag deinen Bruder getroffen, hier in der Stadt, mit Joki. Sie machten Einkäufe, sagten sie."

„Mit Joki?" Meine Stimme trübte sich sekundenschnell. Joki war mein Cousin, der mir manchmal wunderschöne Briefe schrieb. Seine Eltern waren zur Zeit im Ausland, wo, wußte ich nicht, Hauptsache, Joki blieb im Land und war vielleicht sogar zum Fest abkömmlich. Bei uns? Wie man hörte, bei uns! Und ich saß hier! „Sie konnten zusammen nicht kommen . . ."

„Was machst du denn auf einmal für ein Gesicht?" fragte Bodo drohend in meine Königskinderstimmung hinein. „Wenn du trübetümpelst, gefährdest du die ganze Unternehmung."

„Ich trübetimple ja nicht", beeilte ich mich. „Aber

wenn ihr sie bis Brake bringt . . . von dort aus sind es nur noch fünf Kilometer bis zu uns . . ." Ich wagte nicht weiterzubetteln. Reini, der Jüngste, strich mir im Vorbeigehen übers Haar.

„Wart nur ab – Hauptsache, wir bringen erst mal die alte Dame heim!"

Das fand ich auch.

„Aber zieht euch warm an!" Die drei liefen durch Flur und Zimmer, allerhand zusammensuchend, und das verursachte ein Gepolter, daß ich dauernd dachte, jetzt – und jetzt – müsse ein amtsrichterliches „Was ist denn hier los!" durch die Wohnung donnern und womöglich das ganze Unternehmen zum Scheitern bringen. Endlich waren die drei soweit, stopften sich noch jeder rechts und links eine Flasche Weihnachtsbier in die Anoraktaschen und trieben mich nun ihrerseits an.

„Wo bleibst du nur? Daß Frauen immer so trödeln müssen!"

„Aber wie wollt ihr sie denn . . ."

„Abwarten! Laufen kann sie nicht, ist klar. Vielleicht setzen wir sie auf den Rodelschlitten und ziehen sie!" rief Wendelin. Bodo zeigte ihm einen Vogel. Reini aber schien eine Erleuchtung zu haben, er bremste seinen Eilschritt ab und schrie: „Ich weiß! Ich hab's! Los, Bodo!" Und, den Bruder mit sich reißend, verschwand er wie der Blitz die gewundene Kellertreppe hinab, an der wir gerade vorbeiwollten. Wendelin und ich guckten ihnen verblüfft nach.

„Was wollen denn die im Keller?"

Das stellte sich sofort heraus. Unter Rumpeln und Stöhnen und vielen „Hauruck s" wurde durch die Garage hindurch ein seltsames Ding auf die nächtliche Straße geschoben, eins, wie ich es nur aus alten Büchern kannte: ein Stuhlschlitten von Anno dunnemals. Oben wie ein

Lehnstuhl gebaut, unten mit Kufen versehen, dunkelrot gestrichen und stark verstaubt, zum großen Glück aber für zwei Personen berechnet. Darin würde wohl auch Frau von Kalckreuth bequem Platz finden. Ich mußte, trotz meiner wehmütigen Stimmung, so lachen bei der Vorstellung, was die Königliche bei der Besichtigung dieses Fahrzeuges sagen würde, daß ich mich – bauz! – in den Schnee setzte. Wendelin half mir beflissen wieder auf die Beine.

„Nicht so hemmungslos!" imitierte er seinen Vater, dessen Stimme ich genau kannte. „Los, nimm Platz. Wir werden dich probefahren."

„Das Ding rutscht nicht!" jammerte Reini, den Schlitten auf dem Bürgersteig hin und her ruckend. „Wir müssen mindestens erst die Kufen schmieren!"

„Mit Heizöl –" Bodo tauchte in das Dunkel der Garage zurück. Wendelin fuhr mit einem Lappen über den Sitz.

„So, nun probier mal!" Ich setzte mich hinein.

„Ganz bequem – aber kalt . . ."

„Natürlich, auf den Brettern kann die alte Dame nicht hocken!" Sie sausten noch einmal davon und kamen mit Decken und einem alten Pelz zurück. Gleich darauf ging es los im Sturmschritt, das Rabengäßchen hinauf, dem Bahnhof zu.

Die alte Dame zeigte sich weder erstaunt noch entrüstet oder ablehnend, als wir mit dem seltsamen Gefährt ankamen.

„Ihr wollt mich heimfahren? Wunderschön", sagte sie und nahm die Handtasche auf, um ihren Thron zu besteigen. Frau von Kalckreuth wurde mit den Decken dick verpackt, und sie befahl hochitsvoll: „Nun los. Wer schiebt?"

„Ich!" riefen alle einstimmig. Ich vermutete, daß sich

diese Begeisterung bald legen würde. Zwar war die Straße um diese Zeit unter dem ständig niederfallenden Neuschnee noch schön glatt, aber Frau von Kalckreuth wog bestimmt fast zwei Zentner, und das ist auch bei glatter Straße nicht wenig. Sie schien das selbst einzukalkulieren.

„Wir brauchen noch etwas zum Ziehen!" bestimmte sie. „Kleines", damit war ich gemeint, „spring zum Bahnhofsvorsteher und bitte ihn um ein paar Riemen!"

Ihr war nicht zu widersprechen. Ich lief. Und der Mann mit der roten Mütze, der sie natürlich auch kannte, gab mir bereitwillig, worum ich bat. Die Jungen befestigten die Riemen an den Armlehnen, und rechts und links spannte sich einer vor. Bodo ergriff die Querstange am Rücken des Gefährts und schob. Der Inder und ich bilde-

ten die Ersatzmänner. Kilian lief wie ein Hündchen voraus. So begann unsere Wanderung durch die Heilige Nacht.

Zunächst ging alles nach Wunsch. Der Schlitten glitt, von drei jungen und starken Männern gezogen und geschoben, nahezu mühelos dahin, und die Kälte war erträglich, solange man sich bewegte. Ja, wir wickelten bald die Schals ab und zogen die Handschuhe aus. Und dann fingen wir an zu singen. Nie fallen einem ja so viele Lieder ein, die jeder kennt, wie um die Weihnachtszeit, und nach manchem kann man sogar marschieren. Wir haben's ausprobiert. Kein Auto begegnete uns. Das war nicht verwunderlich in dieser Nacht, in der jeder daheim sein will. Aber allmählich gingen wir nicht mehr mit kräftigem Wanderschritt vorwärts, sondern stapften dahin, die

Beine schwer und schwerer hebend. Ich hatte mich neben
Wendelin an die rechte Seite gesellt, der Inder zu Reini
an die linke. Wir zogen nun also zu viert, schließlich zu
fünft. Kilian, bis dahin allein voraustrottend, kam nach
einer Weile an meine Seite. Ich faßte mit meiner freien
Hand nach seiner, erst zuckte die harte Jungenhand ein
wenig, dann schmiegte sie sich zunächst zögernd, später
vertrauensvoll in meine.

Ich sagte nichts.

Er auch nicht, jedenfalls eine ganze Zeit lang.

Dann schnaufte er einmal alles, was an Feuchtigkeit in
seiner Nase war, geräuschvoll nach oben und wischte mit
der freien Hand drunter weg.

„Hat se dir ooch gesagt, wir sollen zu ihr?" fragte er
halblaut.

„Ja. Zu uns allen doch!"

„Und willste? Ick gloobe nämlich."

„Was denn? Was glaubst du?"

„Ick weeß ja nich? Und ick will ooch nischt jesacht
ham. Un bei euch isses ja ooch bloß für eene Nacht. Aber
bei mir, weeßte –"

Ich verstand, was er meinte. Ob Frau von Kalckreuth
diesbezüglich etwas gesagt hatte, ob er es mit dem In-
stinkt des Waisenkindes nur vermutete, ich konnte es
nicht entscheiden. Aber ich wußte sofort, was er meinte.

„Möchtest du denn?" fragte ich vorsichtig.

„Tja . . ." Er war nicht sentimental, dieser kleine Ber-
liner, wahrhaftig nicht! Andere Kinder hätten sich vielleicht ein Weihnachtswunder vorgemacht, das ihnen eine
Heimat bescherte; ich vermutlich, ich war als Kind außer-
ordentlich romantisch und hatte eine ausgeprägte Fantasie.

Er jedoch sagte trocken: „In Heimen war ick lange je-
nug. Is ja schön und gut, nette Tanten, aber jedes Jahr an-

dere, manchmal ooch wat zu lachen, jebe ick zu. Aber weeßte, nischt jehört dir alleene. Spielzeug un Rodelschlitten un Klamotten un der Hund, der dort is – nich mal der. Alles immer allen. Ick hab's bis hier. Ick plädiere für Privatbesitz, und wenn't nur een armselijes Taschenmesser is. Is doch wat. Und det hat se mir jeschenkt –" Er holte etwas aus der Hosentasche. Ich konnte es nicht genau sehen. Aber ich ahnte diesen ersten Privatbesitz und seine ungeheure Wichtigkeit.

„Det vajeß ick ihr nich. Meenste, dat se mir vor immer behält?"

„Hat sie was davon gesagt?" fragte ich leise.

„Anjedeut, vorhin. Als ick ihr sachte, ick wär imma alleene, da meente se, sie ooch. Ihre eigenen Kinder wärn jroß und der Mann dot. Un denn hat se wat jemurmelt von – wollen dem Jungen 'ne richtige Heimat jeben – un so."

„Du, das wäre wunderbar für dich", sagte ich und drückte begeistert seine Hand.

„Na, un ob, un deshalb sach ick dir ooch wat davon, vastehste – wenn se mir behielte, un ick hätt' trotzdem hier in de Jejend wen, den ick kenn. Weil –"

„Weil?"

„Na – manchmal haste eben wat uff'm Herzen, weeste – wenn du hier wärst . . ."

„Ich nicht, aber meine Mutter. Ich bin bloß in den Ferien hier. Aber zu meiner Mutter kannst du immer kommen, und meine kleinen Brüder sind so ungefähr in deinem Alter. Mit dem Fahrrad ist das nicht weit. Ich geb' dir die Anschrift. Und Mutter freut sich bestimmt!"

„Mutter freut sich bestimmt!" Ich hatte das sicher schon öfter gesagt, zu Freundinnen, Kollegen, Bekannten am Telefon. In dieser Nacht ging mir erst richtig auf, was das heißt. Kilian hatte keine Mutter, die sich freute, wenn er jemanden mitbrachte oder schickte. Wie arm war man da dran!

„Weißt du, ich könnte mir vorstellen, daß es bei Frau von Kalckreuth sehr schön ist", sagte ich aus diesem Gedankengang heraus, „sie hat ein Gut und sogar noch Pferde, was ja heutzutage selten ist, wo alle mit Traktoren arbeiten. Magst du Pferde gern?"

„Enorm. Reiten kann ick. Ick bin schon mal, bei Oma, wie die noch lebte."

„Na also, da wird es dir bestimmt dort gefallen!"

Wir waren gerade so weit, da blieben die drei anderen Zugpferde stehen, verpustend. Ich hatte gar nicht gemerkt, wie hoch der Schnee inzwischen geworden war, fühlte aber, daß eine Pause guttat. Wendelin versuchte, mit Hilfe eines Streichholzes seine Armbanduhr zu erkennen. Halb zwölf.

„Wie weit sind wir? Können Sie das beurteilen?" fragte Bodo unsere Schlittendame. Sie hob das Gesicht zu ihm.

„Ich fürchte, wir haben erst die Hälfte." Sie sprach sehr ruhig. „Die zweite Hälfte ist die schwerere, wie sehr oft im Leben. Ich wußte es vorher, aber weil man eben auf mich wartet . . . Ich werde jetzt laufen, ich brauche Bewegung", fuhr sie fort und stand entschlossen auf. „Kilian, einsteigen, jetzt bist du dran mit fahren!"

„Ick bin nich müde."

„Wirst du wohl auf der Stelle . . ."

Dieser Ton hatte es in sich.

„Ick jeh ja schon." Mit einem halb belustigten, halb kläglichen Blick zu mir, der deutlich besagte: „Es fängt schon an!", erkletterte Kilian gehorsam den Schlitten. Frau von Kalckreuth deckte ihn zu und erbat sich den Platz hinter dem komischen Gefährt. Jeder sah ein, daß dies der richtige für sie war; der Halt würde ihr das Gehen erleichtern.

„Vorwärts, hü!" befahl sie im Ton eines Menschen, der ein Leben lang mit Pferden gefahren war – wir lächelten und setzten uns in Bewegung.

Kilian schlief auf der Stelle ein. Ich hörte es an seinen Atemzügen, und mit halbem Blick – ich wollte nicht neugierig hingucken – erkannte ich, wie sorgsam die alte Dame die Decke über ihm glattstrich. Dabei hatte ihr Gesicht, das ich im fahlen Licht der Schneedämmerung mehr ahnte als sah, einen Ausdruck, der mich für die Zu-

kunft des Jungen beruhigte. Wenn er das, was sie gesagt
hatte, richtig verstanden hatte und sie ihn wirklich zu sich
nehmen wollte, aus dem Heim heraus – das würde ihm sicherlich die Heimat geben, die er bisher so bitter ent-
behrte. Und deshalb vielleicht, damit sie das erkennen
könnte, hatten wir mit Frau von Kalckreuth durch die
Nacht gehen müssen.

Laß uns durch die Nacht gehen,
gottgerufen, du und ich.

Ja, das war die Zeile aus dem Gedicht, die mir noch
fehlte. Ich würde das Ganze zu Hause heraussuchen und
abschreiben, einmal für Frau von Kalckreuth, die es bestimmt verstehen würde, und einmal für Mutter. Wie
sehr, sehr an Heimweh gelitten hatte unsere Mutter doch,
als sie ihren Mann verlor und die Heimat verlassen
mußte! Ich besann mich noch genau auf das erste Mal, als
sie unter Tränen lächelnd zu uns sagte: „Wie zu Hause!"
Wir hatten die selbstgebaute Krippe aufgestellt und eine
Wachskerze, die noch von daheim stammte, davor ange-
zündet. Unvergeßlich ihr Duft, unvergleichlich ihr Licht.
Und noch eins wurde mir bei diesem schweigenden Marschieren klar: daß jede irdische Heimat nur ein Sinnbild,
ein Abbild der himmlischen ist. Daß man eine Heimat auf
Erden verlieren kann. Gott aber legte uns seinen Sohn in
die Krippe, um uns die himmlische, die ewige Heimat und
den unzerstörbaren Frieden zu schenken, in einer Nacht
wie der heutigen.

Es schien mir gar nicht mehr dunkel um mich. Ich ging
wie in einem goldenen Licht, das Gesicht aufwärts gerich-
tet. Keiner sprach. Der Schnee fiel. Es war eine Weihnachtsnacht, wie ich sie noch nie erlebt hatte.

Und dann war ich plötzlich wieder ganz auf der Erde,

ganz bei den andern: Frau von Kalckreuth hatte angefangen, uns auszufragen, einen nach dem anderen. Erst mich über meine Familie und dann ein bißchen den Inder. Ob er denn gar niemanden habe? Er schüttelte den Kopf. Aber Zeit? Ob er Zeit habe? Dann könnte er doch die Tage „zwischen den Jahren" bei ihr bleiben und sich ein bißchen verwöhnen lassen und Deutsch lernen – wenn man in ein fremdes Land geht, lernt man dessen Sprache! Ob er wollte?

„Sie sind sehr freundlich", lächelte er, diesmal strahlend.

Und dann kam sie zu den Wohlgemuts. Für den einen, der ins Auswärtige Amt wollte, hatte sie gleich ein paar Adressen parat, wo er vorsprechen konnte, und dem andern, der in München als Student sehr schlecht untergekommen war, versprach sie, ein Zimmer zu vermitteln, bei Bekannten.

„Von dort aus kannst du dir in Ruhe ein anderes suchen", bestimmte sie. „Und Bodo will auf Biochemie umsatteln? Tu das, das hat Zukunft."

„Ist sie nicht ein bißchen wie eine Zarin?" flüsterte Bodo mir hingerissen zu. „Jetzt bestimmt sie noch, wen du heiratest, und dazu wird dann getrommelt." Ich stieß ihn in die Seite und unterdrückte ein Lachen. Frau von Kalckreuth merkte es nicht. Sie marschierte, so dick und schwerfällig sie aussah, energisch dahin. Freilich wurde das Laufen immer mühsamer. Ein Schuh drückte mich außerdem, und der Fuß im andern war eiskalt. Auch unser brauner König lahmte versteckt. Wie weit war es noch? Hätte ich nicht auf das immer interessante Gespräch gehört, mir wäre das Weitergehen schwergefallen.

Aber dazu kam es nicht. Schon als Kind besaß ich Luchsohren, und so erklärt es sich wohl, daß ich etwas hörte, lange bevor die andern auch nur das Geringste vernahmen. Oder war es mein Herz, das hellhörig war? Ich glaubte einen Ton zu vernehmen, ein Schwirren, weit, weit vor uns, allmählich ganz langsam näher kommend.

Ich hörte nicht mehr auf die andern, sondern konzentrierte mich völlig auf das Lauschen nach vorn. Da kam etwas, ganz bestimmt! Aber was? Ein Auto nicht, auch kein Lastwagen, das klang anders. Auch kein Pferdefuhrwerk, dagegen sprach das Schwirren. Was nur? Ich vermochte nicht, es herauszufinden. Dafür aber war alle meine Müdigkeit wie weggeblasen. Ich zog vorwärts, das Gesicht durch den fallenden Schnee nach vorne strekkend, wie ein Pferd, das, allein gehalten, die Herde wittert. Die andern, bis dahin mechanisch weitergehend, wurden angesteckt. Plötzlich trottete unsere kleine Einheit nicht mehr ergeben, sondern strebte entschlossen dem Etwas entgegen, das uns Hilfe bringen würde, das fühlten wir jetzt alle. Dabei verstummte sogar das Gespräch, und ich konnte nun fragen: „Hört ihr es eigentlich auch?" Ich fürchtete, es könnte doch Einbildung sein.

„Schon eine Weile", bestätigte Frau von Kalckreuth sachlich. „Das ist die Fräse. Sehr schön, daß sie kommt."

„Die Fräse?"

„Die Schneefräse. Eine Art Schneepflug, wie man ihn im Hochgebirge verwendet. Aber auch hier gibt es manchmal starke Verwehungen, da kommt der einfache Schneepflug nicht durch."

„Aber daß sie ausgerechnet heute . . ."

„Freilich, auch in der Weihnachtsnacht muß gebahnt werden. Könnten nicht Maria und Josef unterwegs sein und Herberge suchen?" Sie lachte leise, ihre Stimme klang ganz anders als vorher. „Oder komische alte, gräßlich unbequeme Frauen, die unbedingt noch heimwollen und nie Auto fahren und die Hilfe netter junger Menschen annehmen – gerne annehmen übrigens?"

Ihre Worte wirkten ein wenig beschämend auf uns-
.Freilich hatten wir sie komisch gefunden, wenn auch
nicht gräßlich, nein, das nie!

Unsere Müdigkeit war verflogen, und wir legten uns
mit neuer Kraft ins Geschirr, daß Frau von Kalckreuth
kaum noch mitkam, und dann, ja, dann sahen wir etwas,
endlich! Es war wie ein rundes, bleiches Nordlicht, das
uns da im Schneedämmern entgegenkam, ganz langsam
wurde es größer. Wahrhaftig, die Fräse!

„Hallo, hallo!"

Der Schnee dämpfte unsere rufenden Stimmen. Er
schien buchstäblich jeden Ton zu verschlucken, ich hatte
so etwas nie erlebt. Aber auf der Straße mußten wir uns ja
treffen, die Schneefräse, die uns entgegenkam, und wir.
Und jetzt war es auch soweit.

„Hallo! Wohin?"

„Hal-lo!" Dieses antwortende Hallo, ein wenig von
oben kommend, gab meinem Herzen einen Stoß. Konnte
das wahr sein? Oder bildete ich mir da in meiner ewigen
Verträumtheit und Sehnsucht etwas ein?

Nein, nichts von Einbildung. Der da rief und gleich
darauf heruntersprang, um uns zu begrüßen, war Joki –
Joki, mein Cousin, der Schreiber wunderbarer Briefe.
Und hinter ihm erschien mein ältester Bruder. Sie hatten
sich, wie wir sogleich erfuhren, die Schneefräse unseres
Gutsherrn erbettelt, um damit nach Warenburg zu zuk-
keln und mich heimzuholen.

„Wir konnten dich doch dort nicht sitzenlassen, in der
heiligen Weihnachtsnacht!" lachte Joki und drückte dabei meine Hand so, daß ich bei jedem anderen laut ge-
schrien hätte.

„Deine Mutter weiß von nichts, sonst würde sie sich
nur ängstigen. Wir haben gesagt, wir gehen ein bißchen
hinunter zu euren Gutsleuten. Aber nun los, wenden und

dann einsteigen! Was machen wir mit dem Thronsessel
dort?"

„Hinten anbinden", sagte Frau von Kalckreuth maje-
stätisch. „Sie fahren ja sowieso nicht schnell. Ich setze
mich hinein, und einer stellt sich hinten auf die Kufen und
lenkt. Ins Führerhäuschen gehen sowieso nicht alle."

Das stimmte. Die Schneefräse, vorn wie ein Lastwagen
gebaut, ist für zwei Mann berechnet. Sie besitzt ein Rohr,
das den Schnee vorn ansaugt und dann wirbelnd rück-
wärts zur Seite in die Luft schleudert. Ein oder zwei Mann
können eventuell neben dieser Vorrichtung auf der kleinen Plattform sitzen, im Führerhaus notfalls drei, aber
für den Stuhlschlitten fand sich nirgends Platz.

„Und Sie wollen wirklich?" staunte Joki, als er begriff,
was die alte Dame meinte. Wendelin zwinkerte ihm zu.

„Warum nicht? Frau von Kalckreuth hat sich, glaube
ich, in ihrem Leben noch nie an Kleinigkeiten gestoßen",
sagte er, „sie tut, was sie für richtig hält, ob es sich nun um
Rüben oder junge Mohrenkönige handelt . . ."

Ich machte ihm wilde Zeichen zu schweigen. Es gibt
Dinge, die man nicht aussprechen darf – er lachte und
nickte mir zu. Und ich lachte zurück . . .

Nachdem wir ein paar andere Vorschläge gebracht hatten, die alle nichts taugten, kamen wir auf ihren zurück.
Und so wurde es dann gemacht. Frau von Kalckreuth
nahm den schlafenden Kilian auf den Schoß und richtete
es sich mit ihm im Stuhlschlitten gemütlich ein. Bodo
stellte sich hinten auf die Kufen, um ein eventuelles
Schleudern abzufangen, und wir andern verteilten uns, so
gut es ging, auf der Fräse. Sehr gut ging es allerdings
nicht. Dann fuhr Joki probeweise an.

Daß ich vor Lachen nicht kopfüber hinunterfiel, wun-
dert mich heute noch. „Halt, halt!" schrien wir alle sofort
lautstark, nachdem wir die ersten Meter langgeschnauft

waren. Der Schnee, der seitlich weggewirbelt wurde, überstäubte die Hinteren, damit hatten wir nicht gerechnet.

„Gebt mal meinen Koffer!" sagte die alte Dame aus den Schneepolstern heraus, die sich ihr auf Kopf und Schultern gelegt hatten, unerschüttert. „Ich habe einen Knirps drin. So, los, aufspannen! Und jetzt weiter!"

Nun saß sie, den Schirm über sich und Kilian haltend, aufrecht da und kommandierte: „Hü!" Joki arbeitete wie ein Wilder an Kupplung und Schalthebel. Bodo duckte seinen Kopf mit unter den Schirm, und brummend und schwirrend setzte sich die Fräse mit ihrem seltsamen Anhänger wieder in Gang. Wir andern hielten uns irgendwo und aneinander fest, taumelnd vor Lachen und Vergnügen, vor Müdigkeit und Aufgeregtheit. Selten ist wohl ein so merkwürdiges Gefährt durch die Weihnachtsnacht gezogen. Bis Brake war es nun nicht mehr weit. Wir hängten den Stuhlschlitten ab und geleiteten Frau von Kalckreuth ins Haus, wo die Ihren noch vollzählig auf sie warteten. Ich sah die strahlenden Gesichter dieser Wartenden, und wahrhaftig, alle Mühe hatte gelohnt!

Frau von Kalckreuth wollte uns alle dabehalten, aber Joki und mein Bruder baten darum, noch heimfahren zu dürfen – mit mir.

„Wir haben unserm Gutsherrn versprochen, die Fräse noch heute nacht zurückzubringen", sagte Joki, und da nickte sie uns zu. So blieben nur die drei Wohlgemuts, der sanftäugige Inder und Kilian unter ihrem weihnachtlichen Dach. Letzterer für immer. Er war aufgewacht, als wir ihn vom Schoß der alten Dame hoben, hatte sich in dem großen, warmen Wohnraum, in den wir alle noch eingetreten waren, umgesehen und war dann blinzelnd, aber zielbewußt zum Christbaum getappt, unter dem die Krippe aufgebaut war, uralt mit schön geschnitzten,

81

handgroßen Figuren. Dort hatte er sich hingehockt und guckte, selbstvergessen, versunken. Ich sah es, und in einem plötzlichen Impuls umarmte ich die alte Dame zum Abschied.

„Danke", sagte ich und küßte sie auf die Wange, und dabei fühlte ich, daß ich weinte, während ein ganz großes Glück in mir aufstieg.

Der Rest der Fahrt verging uns im Nu. Und als wir in den Hof einbogen, sah ich die Fenster unseres Wohnzimmers erleuchtet. Warm und golden leuchteten sie durch den noch immer dicht herabrieselnden Schnee. „Mutter ist noch wach! Sie muß doch gemerkt haben, daß wir losfuhren, um dich zu holen!" lachte mein Bruder und nahm mein Köfferchen, und Joki reichte mir die Hand, damit ich von der Fräse springen konnte. Er behielt sie in seiner, während wir dem Gutshaus zuliefen. Wie spät es war, wußten wir nicht. Eins aber wußte ich: Ich lief einem der schönsten Weihnachtsmorgen meines Lebens entgegen und meinem geliebten Zuhause auf Erden, über dem in dieser Nacht ein Schimmer der himmlischen Heimat lag.

Unvergeßlich prägten sich den Wohlgemut-Buben die herrlichen Weihnachtstage ein, die sie bei Frau von Kalckreuth verlebten, die stillen Abende, an denen man vor der Krippe saß, Äpfel und Nüsse knabberte und voller Spannung den Geschichten Frau von Kalckreuths lauschte, die aus dem Heiligen Land erzählte.

Der Weihnachtsbesuch

Sie waren Cousin und Cousine. Das heißt, früher waren sie nur das gewesen. Seit ein paar Jahren war ihr Verhältnis enger geworden. Sie liebten sich.

Jörg, Chemiestudent, war einige Jahre älter als Annette, die als Sekretärin in einem Verlag arbeitete. Hier konnte sie auch ohne Buchhändlerlehre Büchern nahesein. Sie hatte vielleicht die netteste Stelle, die es in dieser Art gab: bei einem kleinen Verlag in einer süddeutschen Universitätsstadt. Sie arbeitete sehr gern dort, nur einen Nachteil hatte der Verlag, er lag etwa sechshundert Kilometer weit entfernt von Jörg.

Jörg und Annette wollten eines Tages heiraten. Es war damals noch nicht üblich, probeweise zusammenzuleben, wenn man sich gern hatte, aber es war auch nicht mehr so, daß man warten mußte, bis die Eltern die Erlaubnis gaben und die Aussteuer zusammengespart war. Sie schrieben sich. Anrufen war damals sehr teuer, so daß es nicht in Frage kam. Manchmal aber trafen sie sich in einer Stadt „auf halbem Wege", wo sie eine wunderschöne, wenn auch kurze Zeit miteinander verbrachten. Dies geschah nur selten, um so wertvoller, um so stärker blieb es in der Erinnerung, um so mehr sehnten Jörg und Annette die Zukunft herbei. Eines Tages würden sie beieinanderbleiben dürfen.

Das letztemal hatten sie sich in Würzburg getroffen, zur Rosenzeit. Wenn Annette an Würzburg dachte, dann sah sie den blinkenden Main und darüber Festung und

Käppele vor sich, sah Schwäne und verschnörkelte Fassaden, farbenfroh verspielte Wände und ein verträumtes Rosengärtlein und Rosen, Rosen, Rosen. Gab es einen schöneren Treffpunkt als diese Stadt? Jörg hatte ihr einen Zuschuß zum Reisegeld geschickt, weil er es näher hatte als sie.

Diesmal war Nürnberg ihr Ziel.

Die Anreise dahin war für beide ungefähr gleich weit, Annette sparte für die Fahrt ebenso wie er. Sie mußte das Reisegeld eisern zusammensparen, ganz reichte das, was sie hatte, noch nicht. Täglich nahm sie einen kleinen Teil aus der Kasse „Futterage", steckte ihn in die Tonbüchse, auf der „Nürnberg" stand – und aß etwas weniger als vorgesehen. Auf diese Weise mußte das Reisegeld zusammenkommen.

Das Jahr ging seinem Ende entgegen, besser gesagt: seiner schönsten Zeit. Sowohl für Annette wie für Jörg war die Adventszeit die Krönung des Jahres. Einen Sonntag davon wollten sie miteinander verleben, das hatten sie sich in Würzburg versprochen.

Sie lebten darauf hin, wie man als Kind auf Weihnachten hinlebt. Beide kannten Nürnberg noch nicht, beide zählten die Wochen, die Tage, die Stunden. Annette hatte sich im Büro auf ihrem Schreibtisch eine kleine Pappe aufgestellt, auf der sie die Tage bis zu ihrer Reise aufgemalt hatte; täglich strich sie einen davon aus. Einmal stand statt der Pappe ein kleiner Weihnachtskalender dort, eine Kollegin hatte sie beobachtet und ihr dies kleine Geschenk gemacht. Annette strahlte.

„Danke, danke! Ja, er reicht bis Weihnachten, und Weihnachten fahre ich nach Hause. Meine Eltern schenken mir das Reisegeld. Aber vorher . . . vorher . .."

„Vorher geht's nach Nürnberg", sagte die Kollegin und lachte freundlich. „Ich weiß schon, an welchem Tag.

Darum habe ich ein großes rotes Herz um dieses Datum gemacht."

„Ein rotes Herz und einen kleinen Ring. Ich hab' es sofort gesehen. Danke, ja! Das wird ein großes Fest!"

Und eines Tages, als ihre Chefin hinter Annettes Schreibmaschinenplatz stehenblieb, um in dem soeben diktierten Brief noch etwas zu verbessern, sah sie den Adventskalender und den schön geschmückten Adventssonntag an und fragte, was dies bedeute.

„Da treffe ich mich mit meinem Verlobten", sagte Annette.

„Wenn Sie wollen, können Sie schon am Freitag mittag fahren", sagte die Chefin freundlich, „ich gebe Ihnen frei. Gut?"

„Wunderbar!" seufzte Annette.

Sie seufzte nicht nur aus Freude, wie es die Chefin annahm. Sie seufzte auch aus einem andern Grund. Annette hatte sich ausgerechnet, daß sie Jörg nun nicht mehr benachrichtigen konnte. Himmel, wenn sie es doch einen einzigen Tag vorher gewußt hätte! Wie schade! Vielleicht aber konnte Jörg vorher auch gar nicht fort.

Annette bedankte sich trotzdem auf das herzlichste. Und dann, während sie heimlief in ihr kleines, kaltes Zimmer, da kam ihr ein Gedanke. Sie würde natürlich schon am Freitag fahren, dann war sie ein paar Stunden vor Jörg in Nürnberg. Was für Augen würde er machen, wenn sie bereits am Bahnsteig stand!

Freilich müßte sie dann in Nürnberg übernachten, aber große Bahnhöfe hätten ja wohl immer einen Warteraum, der die ganze Nacht geöffnet blieb und in dem man, auf einer Bank sitzend, den Tag abwarten konnte. Das kostete nichts. Annette war entschlossen, das zu tun.

Während sie weitereilte, fiel ihr ein, daß sie ja in Nürnberg auch jemanden kannte, jedenfalls dem Namen nach, eine Tante Liesbeth. Auch einen Onkel hatte es einmal gegeben, der . . . Annette lachte, so daß die Passanten ihr erstaunt nachsahen. Onkel Guido war der Onkel gewesen, der zu Tante Liesbeth gehörte, ihrer beider, Jörgs und ihr Onkel, sie waren ja Cousin und Cousine und hatten eine gemeinsame Großmutter. Onkel Guido war sehr unnahbar gewesen, sehr „feun", wie sie es als Kinder nannten, hatte sie zum Geradehalten erzogen und ermahnt: „Kinder haben bei Tisch nicht zu sprechen!" und ihre Kleidung und ihre Frisuren kritisiert. „Es ist ja nur zu eurem Besten", hatte er immer gesagt. Manchmal war er daheim bei Annette zu Besuch gewesen, von ihren Eltern freundlich empfangen, aber nicht gerade dringlich gebeten, länger zu bleiben als vorgesehen. „Wann geht denn dein lieber Zug zurück? denken sie jetzt", hatte Annettes Bruder dann manchmal geflüstert oder: „Wir gehen mit zur Bahn, um die Lokomotive zu streicheln!"

Onkel Guidos Frau, Tante Liesbeth, kannte Annette nur vom Hörensagen. Sie war nie mitgekommen, wenn er seine Besuche gemacht hatte. Sicherlich war sie noch strenger als er. Diese Tante, das fiel Annette jetzt ein, wohnte also in Nürnberg.

Natürlich konnte man sich bei so „feunen" Verwandten nicht einfach einladen, nicht einfach kommen und sagen: „Da bin ich, ich möchte dich besuchen, bis morgen, da treffe ich mich mit Jörg." Bei Onkel Guido hätte man das nicht gekonnt, auf gar keinen Fall, und bei seiner Frau, die sie noch nie gesehen hatte, erst recht nicht. Schade!

Annette grübelte. Aber die Stunden mit Jörg, die sie durch eine frühere Fahrt gewinnen würde, standen allzu verlockend vor ihr. So wurde sie also alle Unannehmlichkeiten einer Wartesaalnacht auf sich nehmen und schon freitags fahren.

„Ich fahre!" sagte sie entschlossen und drückte ihr Köfferchen zu. „Ich fahre! Ich fahre! Und wenn die Welt voll Teufel wär'!"

Endlich saß sie im Zug und stieß einen Seufzer der Erleichterung aus: Jetzt gab es kein Zurück mehr. Sie fuhr Jörg entgegen! Sie würde ihn wiedersehen, sie war glücklich, und alle Bedenken zerrannen. Eine Zeitlang nahm sie nichts um sich her wahr, sondern saß mit geschlossenen Augen da und dachte nur: Ich fahre zu Jörg.

Später kramte sie ein Buch heraus und ihre Verpflegung, zwei trockene Brötchen. Wenn man Brötchen ganz, ganz langsam ißt, jeden Bissen zweiunddreißigmal kaut und dann erst schluckt, machen sie satt für lange Zeit. Sie hatte es ausprobiert. Und sie hatte jetzt Spaß daran, so lange zu kauen. Sie sah sich um. Ihr gegenüber saß eine ältliche Frau, die einen Korb auf dem Schoß hielt, einen runden Korb, über den ein Sack gebunden war. Manchmal schaukelte sie ihn ein wenig und murmelte ein paar beruhigende Worte. Dann wieder saß sie ganz still. Einmal war es Annette, als höre sie ein leises Quietschen.

„Haben Sie ein lebendiges Ferkel im Korb?" fragte sie. „Ein Schweinchen? Ein Glücksschweinchen vielleicht?"

„Nein, o nein, kein Ferkel. Es sind . . ." Die Frau nestelte an dem Strick, der den Sack um den Korb hielt, und öffnete dann. Annette machte den Hals lang.

Hündchen! Es waren drei kleine Dackel in dem Korb, die auf einer Decke lagen, niedlich aussehend, noch sehr klein. Sie wuselten durcheinander und suchten wohl nach der Mutter. Annette war entzückt. Sie liebte Tiere.

„Oh, wie süß! Darf ich . . .?" Und schon hatte sie hineingelangt und eins der Hündchen herausgeholt, hielt es nun auf dem Schoß und strich über das weiche Fell. Das

kleine Tier hatte die Augen offen. Seine Schnauze war noch nicht spitz wie bei einem erwachsenen Dackel, sondern stumpf, der ganze Körper noch unfertig und plump.

„Nein, so etwas Süßes, so etwas Goldiges! Drei? Und wohin bringen Sie sie?"

„Ach, ich . . . es ist so: Unsere Dackelin hat neun Junge, aber nur sechs dürfen bei ihr bleiben, da sie eine Rassehündin ist. Das ist Vorschrift. Sonst werden alle mickrig und bleiben klein. Nun sollten wir drei töten. Ich habe es nicht fertiggebracht. Alle neun sind gleich schön und stark, und da . . . nein. Ich konnte es einfach nicht. Da will ich sie nun zu meiner Tochter bringen, die wird sie hoffentlich nehmen, nur ihr Mann ist sicherlich nicht entzückt davon. Er stammt aus der Stadt, wissen Sie, und sie wohnen auch in der Stadt." Es klang, als spräche sie von jemandem, der weit, meilenweit von einem entfernt lebt, wie auf einem anderen Planeten. Annette hörte es genau.

„Aber . . . aber man kann doch in der Stadt wohnen und trotzdem Tiere lieben", sagte sie sofort. „Ich wohne zum Beispiel auch in der Stadt, jedenfalls jetzt noch –" Sie und Jörg hatten sich ausgemalt, eines Tages auf dem Lande oder doch wenigstens am Stadtrand zu wohnen, mit Garten, Bäumen und Wiese. „Ich würde solche Hündchen mit dem allergrößten Vergnügen nehmen und aufziehen. Nein, so etwas Niedliches! Geben Sie mir doch die beiden andern auch noch. Ja, ihr Winzlinge, euch würde ich auf der Stelle behalten! Immer hab' ich Dackel von allen Hunden am liebsten gehabt."

„Es sind auch sehr gute, wissen Sie, es wäre schade um jedes", beteuerte die Frau eifrig. „Und sie trinken schon aus dem Napf. Wir hatten sie bisher bei einem Bauern, der hat sie unter Rotlicht gelegt, wo man sonst kleine Schweine hat, die nicht mehr bei der Mutter sind."

„Sie trinken schon aus dem Napf? Das muß ja süß aussehen, wenn sie alle miteinander um die Wette läppern!"

„Ich hab' ihren Napf mitgenommen, damit sie so trinken können, wie sie es gewohnt sind", sagte die Frau. „Und Milch hab' ich auch dabei. Ich mische immer etwas Kamillentee darunter, damit sie sich nicht den Magen verderben." Sie erzählte weiter. Es schien ihr bedrücktes Herz zu erleichtern, über die Hündchen zu sprechen. Eins hatte sie jetzt wieder von Annettes Schoß genommen und auf ihren eigenen gelegt, und ihre abgearbeiteten Hände strichen wieder und wieder über das braune Fellchen. „Das ist der Rüde", erklärte sie, „die beiden anderen sind Hündinnen. Die meisten Leute heute wollen Hündinnen, weil die klüger und anhänglicher sind als Rüden . . ." Sie sprach und sprach.

Annette saß ganz still dabei, hörte zu, streichelte ihre kleinen Schoßkinder und träumte von einem kleinen

Haus mit einer hölzernen Veranda, die zum Garten hinab eine Treppe hatte, und auf dem Rasen sprangen und kugelten drei Hunde umher, von einem Jungen und einem kleinen Mädchen gejagt, die lachten und schrien. „Ihre Tochter freut sich bestimmt, wenn Sie sie ihr bringen", murmelte sie. Es klang zärtlich und ein wenig neidisch. „Ich jedenfalls wäre selig, wenn meine Mutter mir drei solch drollige kleine Kerlchen schenkte."

„Ja, meine Tochter schon. Aber . . ." Die Frau schwieg. Schließlich nahm sie ihr Hündchen, legte es zu den beiden andern auf Annettes Schoß und stand auf. Sie holte aus einer Papptüte, die an einem Haken hing, eine verkorkte Milchflasche und schob die Abteiltür auf. „Ich gehe mal eben in den Speisewagen und lass' mir dort die Milch warm machen. Sie haben allmählich Hunger, die Kleinen. Wollen Sie so lange auf sie achten?"

„Natürlich, gern", sagte Annette. Sie war jetzt allein im Abteil mit den drei Hundebabys, sah sie an, streichelte sie und merkte, wie ihr die Augen zufallen wollten.

Draußen wurde es dämmerig, und als sie das erstemal genauer aus dem Fenster sah, merkte sie, daß es zu schneien begonnen hatte. Schnee, wie schön, wenn man nach Nürnberg fuhr, in die Stadt des Christkindlmarktes.

„Hoppla!"

Sie fuhr auf. Das eine Hündchen wäre ihr beinah vom Schoß gerutscht, sie erwischte es gerade noch. „Nein, nein, nicht ausreißen, ihr bleibt schön bei mir!"

Wie lange hatte sie geschlafen? Wo war sie? Sie bemühte sich, etwas zu erkennen, als der Zug an einer Station hielt. Gottlob, noch nicht Nürnberg. Wenn sie nun vorbeigefahren wäre!

Wie lange brauchte man denn, um sich im Speisewagen

eine Flasche Milch anwärmen zu lassen? Einmal mußte die Frau ja wiederkommen. Die Kleinen wurden immer unruhiger, stießen sich die Schnäuzchen einander in die Bäuche und suchten und quietschten. Der Napf stand auf dem Platz, auf dem die Frau gesessen hatte.

Wieder eine Station. Annette wurde unruhig. Nicht mehr lange, und sie waren in Nürnberg. Sie nahm ein Hünd-chen nach dem andern und legte es in den Korb, deckte den Sack darüber und ging hinaus in den Gang, immer den Blick zurückgerichtet, ob auch keins der Dackelchen aus dem Korb kroch. Der Gang war leer. Sie wagte es, ein paar Schritte in die Richtung zu gehen, in der die Frau verschwunden war. Kam der Speisewagen? Aber es zog sie wieder zurück. Die kleinen Hunde wimmerten jetzt lauter.

Wenn doch wenigstens ein Schaffner käme! Aber einer war vorhin durchgegangen und hatte „Noch jemand zu-gestiegen?" gefragt. Annette sah auf die Uhr. Nur noch zwanzig Minuten bis Nürnberg . . .

Sie wollte und wollte es nicht glauben. Allmählich aber sah es immer wahrscheinlicher aus. Die Frau war ausge-stiegen und hatte ihr die Dackel dagelassen, weil sie so entzückt von ihnen gewesen war und sie nicht recht wußte, ob sie die Hunde bei ihrer Tochter würde unter-bringen können. Das kam davon, wenn man sich allzu-sehr anmerken ließ, wie sehr einem etwas gefiel. Nun saß sie mit den kleinen Tieren da.

„Aber das ist doch – das geht doch nicht – das kann ich doch nicht . . ."

Der Zeiger der Uhr rückte weiter, der Zug fuhr und fuhr, und was ihr sonst die größte Freude bereitet hätte, nämlich, bald in Nürnberg zu sein, wurde jetzt zum Angsttraum. Und dieser Traum wurde wahr: Annette fand sich, den Korb mit den drei Dackeln an der Hand, auf dem Nürnberger Bahnsteig stehen, Schnee fiel, es war schon dunkel. Sie stand da mit den drei kleinen Hunden und wußte nicht, was sie mit ihnen machen sollte. Den Korb einfach hinstellen und davonlaufen, das brachte sie nicht fertig. Nein, um keinen Preis der Welt. Was aber tun?

Den Korb einem Bahnbeamten übergeben? Das traute sie sich nicht. Der stellte den Korb womöglich in eine Ecke und vergaß ihn, absichtlich oder nicht, oder er brachte ihn aufs Fundbüro und kümmerte sich nicht mehr darum. Oder er brüllte sie an, sie sollte gefälligst sehen, wo sie mit ihrem Viehzeug bliebe.

Einen einzigen schüchternen Versuch machte sie. Er verlief, wie sie es befürchtet hatte.

„Geht mich nichts an, sehen Sie selbst –" Der Mann in der blauen Uniform verschwand. Annette schob sich mit ihrem Gepäck über den Bahnsteig zum Ausgang des Bahnhofs. Was nun?

Ja, was nun? Wenn doch Jörg schon da wäre! Er wüßte bestimmt einen Ausweg. Er stammte vom Land und mochte alle Tiere gern, vor allem Hunde. Sie hatten oft davon gesprochen, daß sie sich später einmal einen Hund halten wollten. Jörg aber kam erst am nächsten Tag. Und jetzt?

Mit den Hunden konnte sie unter gar keinen Umständen im Wartesaal bleiben. Sie dachte an Tante Liesbeth. Aber diese Möglichkeit erschien ihr als das Aussichtsloseste, was sie unternehmen könnte. Die Frau von Onkel Guido, die sicherlich eine vollendet geputzte Wohnung besaß, in der jedes Stück, täglich mehrmals abgestaubt, an seinem Platz stand, und dazu drei junge Dackel! O du lieber Himmel, konnte man ihr das antun? Was aber blieb sonst?

Annette zog den Strick, der um den Sack gebunden war, noch einmal fest und nahm den Korb wieder auf. Sie sah sich um; wen könnte sie fragen? Dort stand ein älterer Herr, der sehr freundlich aussah. Sie gab sich einen Stoß und ging auf ihn zu.

„Entschuldigung –"

Es war wirklich ein freundlicher Herr. Und, o Glück, er kannte die Straße, in der Tante Liesbeth wohnte.

„Es ist gar nicht weit. Darf ich Sie hinbegleiten? Ich hab' Zeit, und Sie haben, wie ich sehe, eine ganze Menge zu tragen."

Annette lächelte erleichtert. Er nahm ihr die Tasche ab und faßte dann mit der anderen Hand einen Henkel des Korbes. „So, Sie drüben. Ich bringe Sie hin."

Nun gab es kein Zurück mehr.

Was würde die Tante sagen? Was hätte sie gesagt, wenn Annette allein gekommen wäre? Vermutlich auch nicht: „Herzlich willkommen, auf dich warte ich schon lange." Aber jetzt mit drei noch nicht stubenreinen Dakkeln . . . Es half nichts. Da war die Straße, Annette las das Straßenschild . . . Und da die Nummer. „Hier."

„Hier also wohnen Sie? Oder vielmehr: Hier wollten Sie hin? Bitte, nichts zu danken, ich habe es gern getan . . ." Er lüftete den Hut und entfernte sich nach einer kleinen Verbeugung.

Annette hatte den Korb abgesetzt, gab sich selbst einen Ruck, hob den Finger und drückte auf den Klingelknopf, unter dem „Dr. G. Engel" stand. Liebes, unbekanntes Tantchen, sei ein Engel und mach uns auf!

Die Tür öffnete sich, und auf der Schwelle stand Tantchen. Das mußte Tantchen sein; alt, verknittert, das weiße Haar kurz geschnitten und ein wenig gesträubt um den Kopf stehend, so stand sie da und sah Annette entgegen, freundlich fragend und gar, aber auch gar nicht

94

streng oder unnahbar, wie Onkel Guido immer ausgesehen hatte. Annette fiel ein Stein vom Herzen.

„Ich bin Annette . . ." Sie nannte ihren Namen und den Namen ihrer Eltern, und Tantchen nickte freundlich und streckte ihr die Hand entgegen.

„Das ist aber ein unerwarteter Besuch . . ."

„Ich habe nur gerade die Wohnung voll bis aufs letzte Bett, lauter honorige Herrschaften", würde sie jetzt sagen, „und es ist mir beim besten Willen nicht möglich . . ."

Sie sagte es nicht. Sie bückte sich, faßte den Hundekorb an dem einen Henkel, wie vorhin der freundliche alte Herr tat, und nickte Annette auffordernd zu, an der anderen Seite anzufassen. Nach drei Minuten standen sie in einem kleinen, peinlich sauberen Flur mit einem Spiegelchen und einem Schirmständer, wie Annette auch einen in ihrem Elternhaus hatte – Annette haßte Schirmständer wie auch Schirme –, und Tantchen atmete tief.

„Schwer ist dein Korb. Was hast du denn drin?"

Ja, nun hieß es also Farbe zu bekennen.

„‚Das Leben ist voller Überraschungen', sagte mein Bruder, der Kardinal, als er nachts mit seinem Bette zusammenbrach." An diesen Satz mußte Annette in dem Augenblick denken, und da platzte sie mit Lachen so heraus, daß es sie beinah umwarf. Sie hielt sich, Halt suchend, an etwas fest, und das Etwas war, zu ihrem eigenen und auch Tantchens Erstaunen, Tante Liesbeths Hals. Sie hatte der kleinen Dame die Arme um den Hals geworfen und fest darum geschlungen, und so standen sie aneinandergelehnt, und Annettes Lachen steckte auch Tante Liesbeth an, so daß sie nicht anders konnte, als mitzulachen.

„Nein, so was! Nein, Annettchen, daß wir uns so kennenlernen, endlich!"

96

„Tantchen, sei bitte, bitte nicht böse! Es sind nicht meine, und ich wollte sie dir nicht aufhängen, ich wollte dich besuchen, darum komme ich heute schon, und Jörg . . ." Annette stammelte noch vieles. Alles durcheinander, von Jörg und ihren seltenen, seltenen Treffen, davon, daß sie sich später auch Hunde halten würden und daß die Frau, die sie ihr überlassen hatte, sicherlich glaubte, Annette hätte ein schönes Heim und einen großen Garten und . . .

„Nun kommt endlich herein, ihr junges Gemüse", sagte Tantchen endlich, nachdem sie alles gehört und mehr oder weniger verstanden hatte. „Ihr bleibt hier, keine Frage! Und morgen sehen wir weiter."

Morgen!

Sie durfte mit den Hunden bleiben! Sie mußte nicht wieder hinaus in die Schneenacht in einer fremden Stadt, sie und ihre Schützlinge! Annette merkte auf einmal, daß sie weinte. Sie weinte vor Dankbarkeit und Glück und Erlösung, aber nicht lange. Denn nun begann eine wilde Geschäftigkeit.

Milch mußte gewärmt werden und Kamillentee gebrüht.

„Du hast doch welchen, Tantchen?"

„Natürlich, hab' ich, Kind!"

Der Korb wurde frisch ausgepolstert. Immerzu mußte man eines der Hündchen einfangen, weil es unter ein Möbelstück gekrochen war. Die Tante versicherte immer wieder, wie gern sie ihr ganzes Leben lang einen Hund gehabt hätte, nur ihr Mann war leider, leider nicht damit einverstanden gewesen. Das erzählte sie ausführlich, als sie nach dem Schlafengehen der drei gesättigten Vierbeiner an ihr eigenes Abendessen denken konnten und sich nun gemütlich bei einem Teller Nudelsuppe gegenübersaßen.

„Nun iß, Kind, und dann erzählst du mir noch mal alles ganz genau von vorn. Jetzt aber meine ich nicht die Geschichte von den Dackeln, sondern die von dir und deinem Jörg. Ich lerne ihn morgen kennen? Wie schön! Ich bin sehr viel allein und deshalb froh, Besuch zu bekommen. Du glaubst gar nicht, wie sehr ich mich freue!"

Annette stand auf dem Bahnsteig und wartete auf den Zug, der Jörg bringen sollte. Und siehe da, der erste, der ausstieg, war Jörg. Sie lief ihm entgegen und warf ihre Arme um seinen Hals. Und dann gingen sie, eng untergehakt, nebeneinander den Bahnsteig runter, und Annette konnte vor lauter Glück überhaupt nichts sagen. Es schneite noch immer, und die Stadt sah märchenhaft aus.

Später begann sie dann von Tantchen zu erzählen.

„Ich hatte solche Bedenken, sie überhaupt zu besuchen", gestand sie, „und dann nahm sie mich auf wie ein eigenes Kind. Sie ist goldig, du wirst es sehen, und wir sollen das Wochenende bei ihr bleiben, hat sie gesagt. Nur den Abend heute müßten wir allein verbringen, sie hat etwas vor, ihren Skatabend. Stell dir vor! Onkel Guidos Frau spielt Skat! Ist das nicht lustig? Sie ist überhaupt ganz anders, als ich dachte, du wirst es erleben. Wir bleiben doch bei ihr? Wir würden uns hoffentlich nicht langweilen ohne sie, sagte sie, und dabei guckte sie ganz verschmitzt."

„Du, Annette, ich hab' auch eine Neuigkeit. Ich habe Aussicht auf eine Anstellung nach meinem Examen. Und wo? Das rätst du nie! In einem chemischen Werk, in . . .? Na? Streng mal deinen Grips ein bißchen an!" Er sah sie an, auffordernd, zärtlich, übermütig vor Glück. Annette erwiderte seinen Blick. Wie im Traum sagte sie: „In . . . Nürnberg?"

„Du sagst es! Stell dir vor, wenn das Wahrheit würde!

Wenn wir heiraten könnten, bald! Und hier wohnen, in dieser Stadt!"

Annette schwieg. Sie konnte nicht antworten. Sie drückte Jörgs Arm und sah empor zum Himmel, der jetzt nicht mehr dick bewölkt war, sondern allmählich Sterne schimmern ließ. Und nun hörte man auch noch den Posaunenchor, der vom Turm den Vorabend des Adventssonntages einblies:

Wie soll ich dich empfangen,
und wie begegn' ich dir?
. . .
Was hast du unterlassen
zu meinem Trost und Freud',
als Leib und Seele saßen
in ihrem größten Leid?
Als mir das Reich genommen,
da Fried' und Freude lacht,
bist du, mein Heil, gekommen
und hast mich froh gemacht.

„Nun müssen wir Tantchen aber auch etwas mitbringen", sagte Annette, als der Choral zu Ende war. „Was meinst du? Etwas ganz Schönes." Sie gingen an den Buden des Weihnachtsmarktes entlang, die in warmes Licht gehüllt waren und weihnachtliche Herrlichkeiten anboten.

„Weißt du noch, damals in Leipzig, auf dem Augustusplatz?" fragte Jörg leise und drückte ihren Arm.

Annette nickte. Natürlich wußte sie es noch, nie würde sie es vergessen. Ihre Eltern wohnten in Leipzig, und Jörg studierte dort, und manchmal hatte er sie von der Schule abgeholt. Manchmal auch hatte Jörg sie heimbegleitet nach dem Konzert in der Thomaskirche, das sie vor Weihnachten nie versäumt hatten zu hören. Da sangen die kleinen Jungen mit ihren reinen, schönen Knabenstimmen alte und neue Weihnachtslieder, manchmal war ein Solo dabei, das hell über dem dunklen Chor der Größeren klang.

*Die Welt ruht noch im Werktagsrauche
und spiegelt trüb im Fluß sich ab ...*

Und darüber, wirklich so, als habe der Himmel sich geöffnet: „Vom Himmel hoch, da komm' ich her."

*Euch ist ein Kindlein heut' geborn
von einer Jungfrau auserkorn,
ein Kindelein so zart und fein,
das soll euch Freud' und Wonne sein.*

Die Kirche war gesteckt voll, man saß und stand eng aneinandergedrückt, und alles hielt den Atem an. Annette hatte gesehen, wie sich die Gesichter der Menschen veränderten, wie sie weich wurden und selig-gläubig, für Momente, für entrückte Sekunden. Ihrem eigenen Vater, diesem strengen, ernsten Menschen, waren ein paar Tränen über die Wange gelaufen, sie hatte es gesehen und schnell wieder weggeguckt, es aber nie vergessen. Und heimzu ging sie mit Jörg, weil ihre Eltern noch einen Besuch machten.

Damals waren sie erstmals Arm in Arm gegangen, Jörg und sie, im Schutze der Dunkelheit, des abendlichen Nebels, des Schnees, der heruntersank, und waren an die Weihnachtsbuden des Augustusplatzes gekommen. Damals hatten sie zueinandergefunden.

„Jetzt aber kaufen wir etwas für Tantchen, und es soll uns nicht darauf ankommen, was es kostet."

„Etwas ganz Schönes", sagte Jörg. „Wie wäre es mit einer Krippe? Hat sie eine? Eine Krippe mit einem Jesuskind, und darüber muß der Stern leuchten, so hell wie unsere Liebe, die ja nur ein Abglanz ist der göttlichen Liebe, die Gott uns zeigte, als er uns seinen Sohn schenkte."

„O ja. Und nie, nie wollen wir das vergessen!"

Sie fanden eine. Eine holzgeschnitzte, einfache, wunderschöne Krippe. Sie ließen sie in Seidenpapier einschlagen, und Annette trug sie, zärtlich an sich gedrückt, während ihr linker Arm in dem von Jörg lag. Verträumt und mit aufwärts gerichtetem Gesicht ging sie neben ihm, und die Weihnachtssterne hatten ihr noch nie so wunderbar geleuchtet wie an diesem Abend.

Das wurde ein lustiges Sonntagsfrühstück an Tante Liesbeths liebevoll gedecktem Tisch! In der Mitte stand ein Tannengesteck mit roter Kerze, bitter duftend, und durch die kleinen, mit altmodischen Mullgardinen behängten Fensterchen sah man auf die weihnachtlich verschneite Straße hinaus, auf das Fachwerkhäuschen gegenüber, dessen Fensterkästen mit Tanne und roten Äpfeln geschmückt waren, und in den jetzt dunkelblauen Himmel. Der Kaffee duftete, und Tantchen erzählte, daß sie sich mit dem hiesigen Tierheim in Verbindung setzen würde, um die Hündchen gut unterzubringen.

„Aber eins behalte ich", sagte sie fest, keinen Widerspruch duldend. „Das ist euer Geschenk an mich, euer Mitbringsel, wie wir früher sagten, ein Dackel und . . ." Sie wies, zärtlich und gerührt lächelnd, auf die kleine Krippe. „Beides habe ich mir gewünscht, eine Krippe und einen vierbeinigen Gesellen, der mir die Einsamkeit vertreiben hilft. Ich glaube, einer der Dackel ist sehr geeignet dafür, fragt sich nur, welcher.

Und wenn ihr . . . wenn es wahr werden sollte und Jörg hier eine Anstellung bekommt . . . in Nürnberg wohnt, dann besucht ihr mich manchmal. Mich und meinen Weihnachtsdackel. Und ihr könnt auch gern bei mir wohnen anfangs, bis ihr eine geeignete Wohnung gefunden habt. Ich habe mehr Platz als nötig, seit Guido nicht mehr hier ist. Werdet ihr daran denken?"

Sie fragte es, als erbitte sie einen ganz großen Gefallen.

„O Tantchen!"

Annette juchzte, als wäre sie erst zehn und nicht schon über zwanzig Jahre alt und „auf dem besten Wege, eine ehrsame Ehefrau zu werden", so stellte Jörg schmun-

zelnd fest. Und dann fragte Annette, schnell, atemlos, gespannt: „Wo bist du Weihnachten, Tante Liesbeth? Etwa hier allein?"

„Jetzt, da ich euer Dackelchen hab', nicht mehr allein", lächelte die alte Dame. Annette aber ließ das nicht gelten.

„Du kommst zu uns! Bitte, bitte! Meine Eltern werden sich so freuen! Und den Dackel bringst du mit, klar, auf jeden Fall! Versprichst du es, Tantchen? Es wäre so schön, für uns alle, eine Riesenweihnachtsfreude!"

„Für mich auch", sagte Tantchen leise, „wenn du meinst, daß deine Eltern wirklich einverstanden sind . . ."

Annette nahm sie um den Hals, wild und heftig, und küßte die faltige Wange.

„Das sind sie, ich weiß es, Tantchen. Dank, tausend Dank. Dir, Tantchen, und dem, der uns Weihnachten schenkte."

Die große Freude

„Dann könnten Sie doch eigentlich mit mir feiern?" fragte er.

Es schneite jetzt in winzigen, noch einzelnen Flocken, das erstemal in diesem Jahr. Natürlich dachte man da an Weihnachten; ihr ging es genauso.

„Ja?" fragte er, als sie nicht antwortete. Es klang dringlich, hoffnungsvoll – sie sah ihn an.

„Ich habe drei Kinder", sagte sie.

Er hatte sie mit dem Wagen heimfahren wollen. Aber sie bestand darauf, den Bus zu nehmen. Warum eigentlich? Nur aus Dickköpfigkeit? Es schien ihr selbst so. Sie versuchte, sich zu entschuldigen.

„Ich fahre doch immer mit dem Bus. Vielleicht holt mich eins der Kinder ab."

„Ja, dann."

So begleitete er sie bis zur Haltestelle. Sie sprachen nicht mehr. Der Schnee wurde jetzt dichter, er fiel sanft, lautlos. Die Straßen der Vorstadt bekamen dadurch ein ganz anderes Gesicht. Ich muß noch etwas sagen, etwas Nettes, dachte sie. Er hat es gut gemeint. Aber es fiel ihr nichts ein.

Sie mochte kein Mitleid. Immer hatte sich alles in ihr zusammengezogen, wenn jemand sie bedauerte. Vielleicht aber war es gar kein Mitleid bei ihm, vielleicht war er selbst einsam, wollte sich auf Weihnachten freuen können, jemanden haben, mit dem er diesen Abend feierte? Er hatte keine Familie, das wußte sie.

Sie hatten noch Zeit und gingen langsamer. An der Haltestelle wartete niemand. Sabina dachte an das Stück Weg, das sie noch gehen mußte, wenn sie ausgestiegen war. Natürlich würde keins der Kinder sie abholen. Sie hatte das nur so gesagt.

Ach ja, die Fahrerei! Es war schön, draußen zu wohnen, für die Kinder jedenfalls. Obwohl Barbara bereits anfing, darüber zu meckern. Alle ihre Freundinnen wohnten in der Stadt, nie könnte man etwas mitmachen, immer wäre man auf den Bus angewiesen.

Sabina hatte das bisher überhört, mit ein paar freundlichen Worten übergangen, sie vertröstet. Eines Tages hätte sie vielleicht auch einen Wagen. Und das kleine Haus sei doch so hübsch. Jeder habe sein eigenes Zimmer, das wäre in einer Stadtwohnung unerschwinglich.

Das stimmte. Ihr Häuschen besaß viele Vorzüge, vor allem den, daß jeder sein eigenes Reich hatte. Es war ein altes Pfarrhaus, die Kirche daneben war abgerissen worden. Dort, wo sie gestanden hatte, war jetzt der Garten, ein ziemlich ungepflegter, verwilderter – ihr gefiel er gerade deshalb. Es gab dort große Bäume, wie sie sie aus ihrer Kindheit kannte, eine Kastanie vor allem, die sie liebte, besonders im Herbst. Nichts gibt so goldenes Licht wie sich färbendes Kastanienlaub, und der Baum stand gerade vor dem Fenster ihres Zimmers.

Sie hatte das Haus gekauft, etwa ein Jahr nach dem Tode ihres Mannes. Ganz schnell, wie sie manchmal etwas tat, beinahe unüberlegt. Dies waren dann ihre besten Entscheidungen. Ihre Arbeit brachte genug ein, und die Kinder lebten draußen, mit viel Sonne und Luft. Manchmal war es schwierig gewesen, als die Kinder noch kleiner waren. Aber die Älteste von nebenan, Meta, hatte sich ihrer Kinder angenommen, als gehörten sie zu ihren eigenen Geschwistern.

„Sie können ruhig in der Stadt bleiben, ich passe auf", sagte sie immer wieder. Sabina hatte es dankbar angenommen.

Jetzt war Xenia sechzehn und Barbara fünfzehn, und Rüdiger würde noch in diesem Jahr zehn. Wenn man Kinder richtig erzog, konnte man sie in diesem Alter schon zeitweise sich selbst überlassen. Samstag und Sonntag war sie daheim, auch Mittwochnachmittag. In dem Versicherungsbüro, in dem sie angestellt war, hatte man die Arbeitszeit so gelegt. Und auf diese Weise ging es ganz gut. Die Mädchen hatten sowieso öfter nachmittags Schule, und Rüdiger ging zu den Nachbarn, wenn er allein war.

Sie hatte es mit der Arbeit gut getroffen und hatte freundliche Kollegen.

Und mit Dr. Hendrik einen älteren Freund zur Seite

zu haben, auf den sie sich verlassen konnte, mit dem sie Schwierigkeiten besprach, fand sie angenehm. Ihr gefiel es. Und sie hatte es auch oft ausgesprochen. Freilich, Weihnachten mit ihm und nicht mit den Kindern zu feiern, das kam nicht in Frage. Daß er sie darum bat, zeigte, daß sie sich doch nicht ganz so zurückhaltend verhalten hatte, wie vorgenommen. Er hatte glauben müssen, sie sehne sich nach jemandem. Und im Grunde tat sie das auch.

Aber er durfte es nicht merken. Sie gehörte zu den Kindern, wenn Barbara sich manchmal auch recht familienfeindlich benahm und Xenia anfing, eigene Wege zu gehen. Weihnachten woanders als daheim, unausdenkbar. Sie hob den Kopf.

„Nein, der Bus kommt noch nicht. Sie sahen auf einmal so abweisend aus, so: als wenn die Welt voll Teufel wär'. Habe ich Anlaß dazu gegeben?" fragte Dr. Hendrik.

Sie sah ihn an, legte sogar die Hand auf seinen Arm. „O nein, nein. Aber . . ."

„Dabei ist sie wirklich voller Teufel, Luther hat das ganz richtig empfunden. ‚Und will uns gar verschlingen . . .' Nur daß die Teufel sich von Jahrhundert zu Jahrhundert verändern. Früher trugen sie Klauen und Schweif wie im Bilderbuch. Und dann waren es Hungersnöte und Hexenprozesse und Pest und Aussatz, was sich diese Teufel ausdachten. Heute? Atombomben und andere Massen-Tötungs-Erfindungen – was ist dagegen solch ein Teufel, wie er Luther auf der Wartburg erschien! Mit einem Tintenfaß abzuschießen, ein kleines Vergnügen, wahrhaftig!"

„Wahrhaftig, ja." Sabina mußte lachen. Diese Art von ihm, Ernstes auf heitere Art zu sagen, merken zu lassen: Ich weiß, die Welt ist nicht mehr heil, dennoch – diese Art gefiel ihr sehr, immer schon. Sie hatte so etwas absolut

108

Ehrliches und gleichzeitig Tröstliches: Na, wenn schon. Geht morgen alles schief, so haben wir doch heute noch gelebt. Und uns gefreut. Nicht Leichtsinn – leichten Sinnes. So war auch sein Gesicht.

Sie sah es an. Mager, bartlos, gescheit. Mehr als gescheit: wissend. Er wußte um Not, Leid und Einsamkeit der Welt, war viel älter als sie. Er hatte ihr nie von seinem Leben erzählt, aber sie wußte, daß er den Krieg noch mit-

gemacht, die Gefangenschaft erlebt hatte. Und das hatte ihn geprägt. So ein Mann ließ sich nicht irreführen, er wußte, was er wollte. Dies war eine weitere Eigenschaft, die sie an ihm schätzte.

„Jetzt kommt er aber", sagte er in diesem Moment. Er meinte den Bus. Man hörte ihn noch nicht, man sah die Scheinwerfer noch nicht, dennoch wußte sie, daß er recht hatte. Gleich darauf hörte sie das leise Summen.

„Wirklich." Sie lächelte. Er gab das Lächeln zurück, was sein Gesicht für einen Augenblick verjüngte.

„Also dann . . . und, nicht wahr: nein haben Sie noch nicht gesagt. Überlegen Sie es sich. Versprechen Sie mir das?"

„Wieso? Habe ich nicht . . ."

„Sie haben lediglich gesagt, Sie hätten drei Kinder. Kein Nein. Gut so. Auf Wiedersehen."

„Kommen Sie gut heim", sagte sie über die Schulter. Sie stieg gerade die zwei Stufen zum Bus hinauf und winkte zurück. Er stand an der Haltestelle, jetzt beide Hände in den Taschen seines Mantels, sah ihr nach und nickte ein wenig. Der Bus fuhr in die Kurve. Vorbei.

Es war doch eins ihrer Kinder an der Haltestelle. Merkwürdig, sicherlich das erstemal, seit sie zur Arbeit fuhr; sie konnte sich nicht besinnen, daß sie je abgeholt worden wäre. Ihre Lüge oder halbe Lüge wurde damit zur Wahrheit. Xenia stand da.

„Was machst du denn hier?" fragte die Mutter erstaunt.

„Dich abholen, warum soll ich nicht?" Sabina sah im Licht des vorbeifahrenden Busses das junge Gesicht. Xenia trug das Haar ziemlich kurz; es war naß vom Schnee und dunkler als sonst; zu den aschblonden Haaren sah ihr Gesicht farbig aus, mit hochroten Wangen und unzähligen Sommersprossen auf Nase, Stirn und Wangen. Ein Skiläuferinnengesicht, ging es Sabina durch den Sinn, und im selben Augenblick schien die Tochter das gedachte Stichwort aufzunehmen.

„Jetzt kann man bald Skilaufen", sagte sie und hakte sich bei der Mutter ein, stürmisch, vorwärts drängend, „das Radio hat's gemeldet – und diesmal gibt es keinen Wettersturz, und . . ."

Sabina gelang es nur mit Mühe, mit der Tochter Schritt zu halten. Hier ging es bergauf, sie liebte diesen Weg. „Die drei Tannen" hieß die Bushaltestelle, es standen wirklich drei Tannen an der Straße. Dahinter ein Heiligenbild aus Stein, eine einfache Madonna mit Kind auf einem Steinsockel unter einem kleinen Dach. Sabina freute sich jedesmal daran, wenn sie hier ausstieg. Manchmal lagen Blumen unter dem Heiligenbild. „. . . und die fahren ins Walsertal. Aber Erika und ihre Eltern auf eine Hütte in Kärnten."

„Jetzt schon?" fragte Sabina. Xenia schüttelte den Kopf. „Aber nein. Erst, wenn die Schulferien beginnen. Aber vor Heiligabend. Sie feiern oben, auf der Hütte. Muß großartig sein. Fränze und ihr Freund feiern gar nicht, sagt Fränze, sie wollen den Abend genauso verleben wie andere Abende. Es wäre doch blöd und ein alter Zopf."

„Findest du das auch?" fragte Sabina und wechselte ihre Tasche in die andere Hand hinüber. „Blöde und ein alter Zopf, Weihnachten?"

„Na ja, alt ist es schon, immer dasselbe", sagte Xenia; aber sie sagte es freundlich und so, daß ihre Mutter merkte, sie wollte sie nicht verletzen. „Schließlich, man wächst ja über das Kinderweihnachten hinaus. Aber . . ."

„Und du würdest . . ."

111

„Ich würde rasend gern Skilaufen, die ganzen Ferien",
sagte Xenia, „wahnsinnig gern. Auf einer Hütte sein und
die ganze enorme Bergwelt um sich haben, toll. Erika
meinte, ich sollte doch mitkommen."

Sabina schwieg.

Zu Hause war es warm. Sabina ging hin und her,
hängte ihre Jacke auf, stellte die Teller auf den Ecktisch
in der Küche.

„Barbara ist nicht da", sagte Xenia. Die Mutter sah zu
ihr hin. „Ja, sie hat eine Fete. Sie wird heimgebracht,
sagte sie."

„Und Rüdiger?"

„Ich hole ihn."

Irgend etwas hatte sich geändert, irgendwie ging der
Wind anders. Barbara war schon manchmal später heim-
gekommen, diesmal aber hatte es etwas zu sagen. Sabina
versuchte, dies vor sich selbst zu leugnen.

„Kommt, setzt euch. Vielleicht bleibt der Schnee wirklich", sagte sie, so munter sie konnte, als Xenia mit dem
kleinen Bruder hereinkam.

„Ich habe schon gegessen", sagte Rüdiger. Es klang
trotzig. Die Mutter wollte es überhören. „Aber du, Xenia."

„Danke, ich möchte nicht. Mutter, wenn . . ."

„Immer diese Hungerei um die Linie." Sabina wurde
heftig. „Dann setze dich wenigstens zu mir. Immer soll
ich allein sein."

Das war ungerecht, sie wußte es selbst. Und nun war
ihr der Appetit vollends vergangen. „Da kann ich ja ab-
räumen."

Sie nahm die ungebrauchten Teller und stellte sie fort.
Xenia sah auf ihre Hände. Dann faßte sie selbst zögernd
zu. Die Mutter tat ihr leid.

112

Erst konnte Sabina nicht einschlafen, wie meist, wenn eins der Kinder noch nicht zurück war. Dann aber mußte sie doch eingeschlafen sein, denn sie fuhr hoch, als sie Stimmen hörte. Barbara. Gottlob, da ist sie, war Sabinas erster Gedanke. Sie sah nicht nach der Uhr, aus einem gewissen Kameradschaftsgefühl heraus. Barbara sprach noch lange mit dem Freund, der sie heimgebracht hatte. Ein paarmal hörte Sabina sie lachen. Dann fiel endlich die Autotür zu, und der Motor brummte auf. Sabina konnte lange nicht wieder einschlafen.

Der nächste Tag war ein Samstag. Die Mutter hatte sich vorgenommen, nichts von Barbaras spätem Heimkommen zu erwähnen. Sie richtete den Kindern das Frühstück und versuchte, freundlich und gelassen zu wirken. Barbara sagte überhaupt nichts. Sie hatte Schatten unter den Augen, aber sie konnten gemalt sein. Barbara befand sich in dem Alter, in dem man älter und erfahrener aussehen will. Sie trug das Haar überschulterlang und in die Stirn als Pony fallend, so daß man keine Augenbrauen sah. Nächstens muß sie blinzeln, dachte Sabina, hütete sich aber, es auszusprechen.

Mittags kam dann zutage, was längst in der Luft lag. Auf eine Art war es ja erleichternd, daß darüber gesprochen wurde.

Barbara verkündete, sie mache dieses Jahr bei dem üblichen Weihnachten nicht mit. Sie sei eingeladen, und man feiere ja überhaupt nicht mehr auf diese Weise. „Mit kitschigen Liedern und Tannenbaum und dem allem. Ich jedenfalls nicht."

„Und du?" fragte die Mutter ihre älteste Tochter. Xenia sah sie einen Augenblick lang an.

„Ich habe es dir ja gestern schon gesagt. Ich würde gern mit auf die Hütte gehen. Erikas Eltern haben mich eingeladen. Fragt sich nur . . ."

„Was fragt sich?" fragte die Mutter. Es klang schärfer, als sie wollte.

„Was aus dir wird."

„Am Heiligabend?"

„Ja. Ich meine . . ." Xenias Ton war überheblich. Sabina hörte es, aber es drang nicht bis in ihr Bewußtsein.

„Du meinst, aus Rüdiger und mir?" fragte sie. Rüdiger saß am Fenster und sah hinaus. Er hatte noch nichts gesagt.

„Ach der. Der rennt doch dauernd zu Wegeners." Das waren die Nachbarn. „Zu seiner Meta Wegener und zu den anderen."

Barbara hatte das gesagt. Und ihr Ton war ziemlich unverschämt. Sabina versuchte, sich daran festzuhalten.

„Wer sagt das? Rüdiger, willst du wirklich lieber zu Wegeners gehen Weihnachten? Es ist doch immer so hübsch bei uns."

„Ich weiß nicht, Mutter, wieso ihr das hübsch findet", hakte Barbara jetzt ein, heftig, ohne Rüdiger zu Wort kommen zu lassen. „Ihr, die Leute von vorgestern. Wir finden es eben nicht mehr hübsch. Oder vielmehr, hübsch ist ein ganz falscher Ausdruck. Es ist . . ."

„Erinnert ihr euch vielleicht daran, warum wir Weihnachten feiern, ihr Leute von heute?" fragte die Mutter jetzt langsam. „Weil Christus geboren ist, weil Gott uns sein Allerliebstes, sein Allerteuerstes schenkte, um uns zu erlösen . . ."

„Das ist doch nur eine Legende", sagte Barbara ungeduldig. „Christus war ein Religionsstifter wie andere auch, und die ganze rührende Geschichte mit dem Stall und Ochs und Esel und was weiß ich alles ist ein Märchen. Hübsch für Kinder, gewiß. Aber man bleibt ja kein Kind. An Gott kann man sich jeden Tag erinnern, dazu braucht es keinen Heiligabend. Finde ich jedenfalls. So, nun

115

weißt du es. Viele von uns finden das übrigens, nur ihr Alten seid so . . ." Sie brach ab.

„Verkalkt und blöde", ergänzte Sabina, der nun doch die Geduld riß. „Alles, was wir tun, findet ihr falsch und verkehrt, und . . ."

„So ist es doch nicht, Mutter", sagte Xenia; es klang sehr unbehaglich. „Du übertreibst ganz furchtbar. Nur manches . . ."

„Ich jedenfalls mache nicht mehr mit", ließ sich Barbara vernehmen, und der Zorn sprühte aus ihren Augen, „nur weil es immer so war. Das ist noch lange kein Grund. Und die ganze Schenkerei . . ."

„Darüber haben wir schon öfter gesprochen, und ich bin eurer Meinung", sagte die Mutter beherrscht. „Wer gern möchte, kann dem andern etwas schenken. Wer keine Lust dazu hat, läßt es bleiben."

„So. Aber moralisch ist man doch dazu gezwungen."

„Gar nicht gezwungen. Von mir bestimmt nicht", schloß die Mutter jetzt sehr deutlich. „Haltet das, wie ihr wollt. Du meinst, alles, was alt ist, müßte fortgeworfen werden. Es gibt aber etwas, das Bestand hat, meine liebe Tochter."

„Ach, wenn du Tradition meinst! Schon im Faust heißt es: ‚Es erben sich Gesetz und Rechte wie eine ewige Krankheit fort . . .'"

„Ja, wenn du mit Goethe kommst, dann bin ich geschlagen", sagte Sabina. Es sollte lustig klingen. Aber es gelang ihr nicht. Sie ging schnell hinaus.

Sie war sehr getroffen, trauriger, als sie es für möglich gehalten hätte, ja bitter. Ihr ganzes Leben gipfelte im Glück ihrer Kinder, und sie wollten ihre Fürsorge nicht. So war es doch, kurz umrissen.

Daß Xenia in ihrer Skilaufbesessenheit in die Berge

strebte, konnte sie noch verstehen. Aber Barbara, die Weihnachten nicht feiern wollte, weil es in ihren Augen überholt war! Nein, mit Barbara konnte sie nicht mit. Und Rüdiger? Fand er es wirklich bei Wegeners schöner?

Das war vielleicht das, was sie am härtesten traf. Sicher, wenn man arbeiten geht, kann man nicht zu Hause sitzen und das Kind auf dem Schoß halten und ihm Märchen erzählen. Aber zählt es denn überhaupt nichts, für die Kinder zu arbeiten, ihnen ein Häuschen zu kaufen, eine wirkliche Heimat zu schaffen, ein behagliches Zuhause? So etwas fällt einem nicht in den Schoß. Sie hatte diese Jahre schwer gearbeitet, draußen und daheim, um der Kinder willen. Verdiente sie wirklich, daß sich nun alle drei von ihr wandten?

Eines Tages würden sie es tun. In ihr eigenes Leben gehen, weg von ihr. Aber das hatte doch noch Zeit! Sie waren doch noch Kinder, auch Barbara mit ihrem Getue, als wäre sie schon zwanzig, sogar Xenia. Und Rüdiger, ihr Kleiner.

Er war geboren, da hatte man bei seinem Vater bereits geahnt, daß er nicht wieder gesund werden würde. In ihrer Verwirrung darüber, daß sie nicht so verzweifelt war, wie es ihr angemessen erschienen wäre – diese Ehe war eben nicht so gewesen, wie sie sich eine Ehe dachte –, hatte sie sich an dies kleine, neue Leben geklammert und es sozusagen als Probe empfunden. Ihn will ich richtig lieben, so wie ich es bei seinem Vater nicht fertigbrachte, hatte sie sich damals vorgenommen. War es ihr gelungen?

O doch, sicherlich. Dieses Kind, diesen Nachkömmling liebte sie mit einer uneingeschränkten, leidenschaftlichen, ihr selbst ein wenig unheimlichen Liebe. Sie versuchte, dies zu verbergen. Er durfte nicht wissen, wie teuer er ihr war, es sollte ihn nicht belasten. Aber sie liebte ihn mehr als sonst eine Mutter ihr Kind.

Dafür aber hatte sie verlangt, von ihm ebenso geliebt zu werden. Verlangt? Erwartet hatte sie es. Und sie schien auch lange, lange Zeit sein ein und alles gewesen zu sein; er war anschmiegsam und ihr herzlich zugetan gewesen. Und jetzt?

Er hatte nichts gesagt, als sie über das diesjährige Weihnachten berieten. Oder hatte er? Sie versuchte vergeblich, sich die Situation zu vergegenwärtigen. Xenia hatte gesprochen und versucht, das Ganze zu entgiften, Barbara hatte viel geredet. Rüdiger? Sie wußte es nicht.

„Nun? Krank? Oder nicht ganz gesund? So sehr nach ‚Macht hoch die Tür' sehen Sie nicht aus", sagte Dr. Hendrik am Tag nach dem ersten Advent, als sie ins Büro kam. Die anderen waren noch nicht da, Sabina lächelte ein wenig nervös.

„Ach ja. Das heißt, nein, krank nicht. Ärger, Enttäuschung, nicht recht wissen, was tun." Sie hatte sich in den letzten Jahren, richtiger in den letzten Monaten, angewöhnt, Hendrik ein wenig teilnehmen zu lassen an ihrem Leben. Sie hatte es ihm erzählt, wenn sie Sorgen hatte, und ihn um Rat gefragt. Es tat so gut, einen Menschen zu haben, der einem im Kummer beistand allein dadurch, daß er zuhörte, einen, der sich mit freute, wenn man glücklich war. Freilich mußte man dafür in Kauf nehmen, daß er es dann auch merkte, daß man traurig war, wenn er es nicht merken sollte.

Denn daß sie sich um Rüdiger grämte, das konnte sie vor sich selbst nicht verhehlen. Daß er sie im Stich ließ! Daß er lieber zu Wegeners ging, weil es dort lustiger, wilder, einfach kindhafter zuging als bei ihnen. Sabina hätte gern sechs Kinder gehabt wie die Nachbarn.

„Sie haben recht, wir machen dieses Jahr keinen ‚Macht-hoch-die-Tür-Advent'", sagte sie, erstaunt über sich selbst, dies auszusprechen, „die Töchter sind nicht dafür. Ich habe keinen Adventskranz gebunden, nur einen kleinen Zweig in eine Vase gestellt, für mich. Wer nicht feiern will, den kann man nicht zwingen."

„Die Töchter, soso. Und der Sohn?" fragte Hendrik. Er war nicht zu täuschen, dieser Menschenkenner.

„Der Sohn! Er ist zehn! Wie soll er gegen zwei fast erwachsene Schwestern aufkommen!" Sabina sagte es heftig, gegen ihre eigene Überzeugung. Aber wie sollte Rüdiger auch! „Dafür machen wir es uns hier ein bißchen feierlich und schön, Sie haben ja schon dafür gesorgt." Sie wies auf ihren Schreibmaschinenplatz. Dort lag ein winziger Adventskranz, besteckt mit einem Licht. „Von Ihnen, oder?"

„Von mir. Ja. Damit Sie nicht vergessen . . ."

„Was vergessen?" Sie wußte genau, was er meinte. Es war schön, das zu wissen, ein bißchen beschämend und sehr tröstlich.

„Nein. Nein. Sagen Sie bitte nicht nein, vielleicht würden Sie es doch bereuen", sagte er und hob beide Hände abwehrend. „Viel kann ich Ihnen ja nicht bieten, aber . . . Übrigens haben Sie es verdient, daß sich Weihnachten jemand um Sie kümmert", fuhr er in einem anderen, beinahe nüchternen Ton fort, während sie sich setzte und die Schreibmaschine zurechtrückte. „Sie haben Weihnachten immer nur für die anderen schön und festlich gemacht. Einmal könnte es auch jemand für Sie tun."

Ja, könnte, dachte Sabina. Sie sagte es aber nicht. Das Telefon läutete. Die Arbeit begann. Keiner von ihnen kam auf das Thema zurück.

Es war eine seltsame Adventszeit. Sabina vermied es, vorwurfsvoll oder beleidigt zu erscheinen, sie richtete mit Xenia deren Skisachen her und fragte Barbara, was sie

119

zum Anziehen Neues brauchte. Für Rüdiger hatte sie längst einiges heimlich bereitgelegt, wie sie es jedes Jahr machte. Einmal traf sie ihn auf dem Dachboden, er kam aus der Kammer und erschrak sehr, als er sie sah.

„Was ist denn?" fragte sie. Sie fragte freundlich, denn sein Zusammenfahren war unübersehbar gewesen.

„Ach nichts." Er rannte die Treppe hinunter. Sie ging in die Bodenkammer hinein und sah, daß der Kasten mit der Weihnachtskrippe dastand, der Deckel abgenommen, die Figuren aus ihren Seidenpapieren ausgewickelt und nur hastig wieder hineingelegt. Er mußte gehört haben, daß sie kam. Sie stand lange und sah den Kasten an, ehe sie ihn wieder einräumte und wegstellte.

Sie hatte nach etwas anderem schauen wollen. Etwas mußte sie ja für Hendrik haben, falls . . .

Ja, falls Rüdiger also zu Wegeners gehen wollte am Heiligabend und sie mit Dr. Hendrik feierte, wie er es sich wünschte. Manchmal war sie vernünftig genug, sich zu sagen, daß die Welt nicht unterging, wenn bei ihnen Heiligabend einmal ausfiel. In die Kirche würde sie selbstverständlich gehen, und die Kinder sollten es halten, wie sie es am liebsten wollten. Vielleicht besannen sie sich darauf, daß es zu Hause eigentlich doch immer sehr schön gewesen war bisher. Und sie waren dann nächstes Jahr klüger. Und sie . . .

Nun, Hendrik meinte es gut mit ihr, und es hatte etwas Verlockendes, einmal mit einem Erwachsenen zusammensein zu dürfen, zu reden oder zu schweigen. Sich verwöhnen zu lassen. Zu fühlen, hier meint es einer gut mit dir. Mehr war es ja nicht. Ach, sie sehnte sich danach, es gut und warm und freundlich zu haben. Hatte er nicht gesagt, sie habe ein Recht darauf, an diesem Abend einmal auszuspannen, auszuruhen? Hatte man als Mutter ein Recht darauf?

Die Abende waren lang im Gegensatz zu den Advents-
abenden der vergangenen Jahre, die eigentlich nie ausge-
reicht hatten. Sabina begann, für jedes der Nachbarkin-
der ein Geschenk zu basteln; wenn Rüdiger am Heiligabend dort sein würde, sollte er doch etwas mitbringen
können. Danach wurde ihr leichter. Sie fing an, sich zu
freuen auf den Abend, an dem ein anderer Mensch mit
Fürsorge und Freundlichkeit für sie dasein wollte.

Der Schnee war wirklich liegengeblieben. Wenn sie
früh aufstand und aus ihrem Fenster hinunterblickte über
den verwilderten Garten, fühlte sie eine kleine, schüch-
terne Freude in ihrem Herzen erwachen. Sie war auf dem
Lande groß geworden. Als Kind hatte sie von Weihnachten erwartet, daß es Wunder bringen würde; später erst,
als sie selbst Kinder hatte, schaffte und wirkte sie dafür,
daß dies ein Tag voller Wunder werde. Jetzt war es wieder wie damals . . .

Jetzt war es ihr wieder vergönnt zu warten. Vielleicht
sollte sie dies lernen, war dies die Lehre dieser Adventszeit? Sie fragte sich das und wagte nicht, es zu beantwor-
ten.

Einmal kam sie etwas eher nach Hause. Hendrik hatte
darauf bestanden, sie ausnahmsweise heimzufahren.
Sonst nahm sie immer den Bus. Aber diesmal hatte er
nicht nachgegeben, er hatte wohl gefühlt, wie müde sie
war. Sie wollte an den drei Tannen aussteigen und zu Fuß
über den Berg gehen, aber er redete es ihr aus.

„Warum soll ich Sie nicht bis ans Haus bringen, kein
vernünftiger Mensch kann etwas dabei finden", sagte er
beinahe barsch. Da gab sie nach, blieb sogar noch ein
paar Minuten im Wagen sitzen, als er vor ihrem Haus
hielt, sprach mit ihm und bedankte sich. Sie überlegte sogar, ob sie ihn bitten sollte, für eine Viertelstunde, für
eine Tasse Tee mit hereinzukommen. Da sah sie etwas.

Über den Kirchplatz kam eine kleine Gestalt gestapft, dunkler Skianzug, rote Pudelmütze. Die Pudelmütze kannte sie und den ein wenig storchigen, ungeschickten Gang, Rüdiger. Er trug ein Bäumchen in der Hand, ging um das Auto, ohne hineinzusehen, und verschwand im Haus.

„Ihr Jüngster?" fragte Hendrik halblaut. Er hatte dem Kleinen auch nachgesehen. Sabina nickte.

Sie verabschiedete sich dann und hoffte, daß es nicht allzu abrupt geschah. Im Haus roch es ein ganz klein wenig nach Tanne, bitter, verheißungsvoll, nach Kindheit.

Wunderbar. Sabina ging in ihr Zimmer, setzte sich an ihren Schreibtisch und legte das Gesicht in die Hände.

Zwei Tage vor Heiligabend fuhr Xenia los. Sie war so glücklich, daß die Mutter nicht anders konnte, als es auch zu sein. Sie kannte die Familie, mit der Xenia fuhr. Es waren sehr nette, lebhafte Leute, ein Ehepaar, das sich ausgezeichnet verstand, mit einer einzigen Tochter. Sie hatten sich mehr Kinder gewünscht, wie sie sogleich erzählten, und waren nun stolz, wenigstens für diese Winterferien Töchter zu haben. Sabina winkte dem Auto nach, als es abfuhr, sie hatte es sich nicht nehmen lassen, Xenia zu begleiten. Sie merkte, daß sie nicht traurig war.

Mit Barbara was es anders. Sie schien nicht einig mit sich selbst zu sein, zeigte sich mürrisch und mußte sich schließlich beinahe von der Mutter trösten lassen, als sie sich mittags verabschiedete und zu ihrem Bus ging. Vielleicht hatte sie ihren Entschluß längst bereut. Sabina konnte ihr nicht helfen. Nun stand sie allein im Zimmer, untätig, an dem Tag, an dem sie sonst vor lauter Betriebsamkeit keine Minute Zeit gehabt hatte.

Heiligabend war in diesem Jahr ein Samstag. So hatte sie frei. Sie ging ein wenig umher, kochte sich einen Extrakaffee und wartete darauf, daß es Zeit würde, zur Kirche zu gehen. Rüdiger war ihr vorhin begegnet, eifrig, atemlos, mit ein paar eingewickelten Päckchen unter dem Arm. Sie gab ihm ein Päckchen für die Nachbarn. Sein Gesicht war strahlend froh. Es tat ihr weh. Sie ging ins Schlafzimmer und zog sich um. Nächstes Jahr ist es anders, versuchte sie sich zu sagen. Die Kinder werden daraus lernen. Nächstes Jahr ist weit, antwortete ihr Herz. Wer weiß, was nächstes Jahr ist.

Nein, sie ging nicht in die Kirche. Sie brachte es nicht über sich. Wenn sie schon nicht daheim blieb – wie sehr es

„daheim" für sie war, merkte sie jetzt erst –, dann wollte sie gleich fort. Sie nahm die beste Hemdbluse heraus, zog sie an, sah in den Spiegel. War Trotz in ihren Augen? Sie blickte rasch fort. Im Flur traf sie Rüdiger.

„Ist es denn schon Zeit für die Kirche?" fragte er, als er sie im Mantel sah. Sein Gesicht sah anders aus als vorhin, aufmerksam, ein wenig erschrocken, so schien es ihr.

„Nein. Ich gehe diesmal nicht in die Kirche. Ich gehe – ach, weißt du, ich muß ein bißchen hinaus. Das wird mir guttun."

„Ist dir nicht gut?" fragte er scheu.

„Doch, doch. Nur . . ."

„Und wohin . . ." Er wagte nicht weiterzufragen. Sie fuhr ihm über den Kopf.

„Zu den drei Tannen. Ich möchte ein bißchen denken heute, weißt du. Das kann man am besten beim Laufen."

„Ja. Das hast du uns immer gesagt." Sie besann sich nicht darauf, aber es konnte schon sein. Immer hatte sie laufen müssen, wenn sie mit sich nicht klarkam.

„Dann also, grüß von mir, und habt es schön", das mußte sie doch noch sagen. Er stand und sah sie an, lief dann rasch weg.

Sie trödelte noch ein wenig herum, vielleicht kam er doch wieder. Nein. So ging sie also aus dem Haus, langsam, nachdenklich, sie versuchte sich auf ihr Ziel einzustellen. Wärme, Freundlichkeit, Behütetsein, dies alles wartete auf sie. Warum also nicht sich freuen.

Sie hatte noch Zeit bis zum Bus. Jetzt würden die Glocken der neuen Kirche bald zur Christvesper läuten. Und Rüdiger ging mit der Nachbarfamilie hin, stand mit glänzenden Augen und sang die alten Lieder mit, die zu diesem Abend gehörten. Sie hatte ihre kleinen Gaben für ihn in sein Bett gelegt, aufs Kopfkissen, in buntes Seidenpapier verpackt, die Zudecke darüber gezogen. Er würde sie finden, wenn er heimkam, müde, voll vom Erlebten, glücklich – hoffentlich.

Es begann wieder zu schneien. Sabina hatte das Gefühl, als sei ihr Herz wie aufgebrochen an diesem Abend, offen für etwas, was kommen mußte. Sie wußte nicht, was es sein würde, sie wünschte auch nichts. Aber sie fühlte, heute, in dieser Nacht, geschah etwas.

Die drei Tannen. Sie ging auf die Bank zu, die hier stand, und blickte zu dem Muttergottesbildchen hin. Es war mit Tannen geschmückt, ein paar goldene Fäden hingen an den Zweigen, ein vergoldeter Zapfen. Solche Zapfen hatte sie voriges Jahr mit den Kindern bemalt. Unter dem weihnachtlichen Schmuck lag etwas. Sie trat heran. Ein Zettel. Große, wackelige, eilig hingemalte Blockbuchstaben. Es war gerade noch hell genug, sie lesen zu können.

Weihnachten ist doch. In meinem Zimmer. Für dich.
Mit Christbaum und allem.
Große Freude.
Dein Rüdiger

Sabina stand und las die Buchstaben, die vor ihren Augen zu verschwimmen begannen. Es wurde ja rasch dunkel heute, am beinahe kürzesten Tag des Jahres. Sie las trotzdem, immer wieder. Als sie den Bus herankommen hörte, war es, als erwachte sie.

Sie nahm den Zettel behutsam herunter und faltete ihn zusammen, vorsichtig, zärtlich, mit ein wenig zitternden Fingern. Sie behielt ihn in der Hand, während sie, ohne sich nach dem Bus umzusehen, erst langsam, dann immer schneller den Berg hinaufstieg. Vielleicht schaffte sie es noch, Dr. Hendrik anzurufen und für morgen einzuladen, ehe Rüdiger, ihr kleiner Rüdiger, die Kerzen der großen Freude für sie anzünden würde.